先放手，再放心

我從《心經》學到的人生智慧

吳若權

目錄

PART 1 啟程，是為了發現自己。

PART 2 真的；或許也是假的？

PART 3 人生無常，才是正常。

PART 4
祝福，和最初的自己相遇。

PART 5
遇見，更了解《心經》。

新版：自序

記起自己完美的靈性

你就是愛，愛就是你。除了愛，什麼都沒有、什麼都不是。
所有不愛、與不被愛的，都只是妄念而已。

常獨自一個人，朝向墨色的夜幕走去，靜靜坐在草地上，看著停止不動的摩天輪，佇立在已經打烊的遊樂園裡。

這個巨大的滾輪，周邊和最高點設置幾盞紅色的小燈，據說那是確保飛行安全的設施，即使未必在航道上，也標示著聳入雲端的高度。於是，它在夜空中，就更像是一顆價值恆久的鑽石，許諾著人間所有的祝福。

摩天輪，明明在夜空裡靜止著；但所有乘載過的歡樂與悲愁，似乎都還繼續在人間流轉。此刻，它彷彿什麼都沒有，卻又已經擁抱所有。

河堤那端，連結著的是歌手劉若英作品〈各自安好〉ＭＶ的拍攝地點，描述著分手後已成陌路的兩個人，如何在沒有彼此的成家立業中繼續想念。導演刻意讓演員的神情表現平靜，亦如螢光幕下的我們——每一個平凡百姓，是怎樣安度人生的波濤洶湧。

大海，深邃遼闊。曾經起伏的歡喜與悲傷，也一樣。只要拉開距離遠眺，所有驚濤駭浪，看起來都歸於安穩平靜。

這是，人生；也是，修行。

穿過歲月的長廊，一步一步走向侘寂。身處喧鬧紅塵，內在素樸簡約。反璞，終而歸真；乘載，繼而放下。在永恆的凝視中，忘了今夕是何夕。望著星河對岸，已經遠去的另一個我，在滄桑之後，還能各自安好。所有曾經的流動；成為此刻的定靜。所有曾經的虛空；化為當下的圓滿。

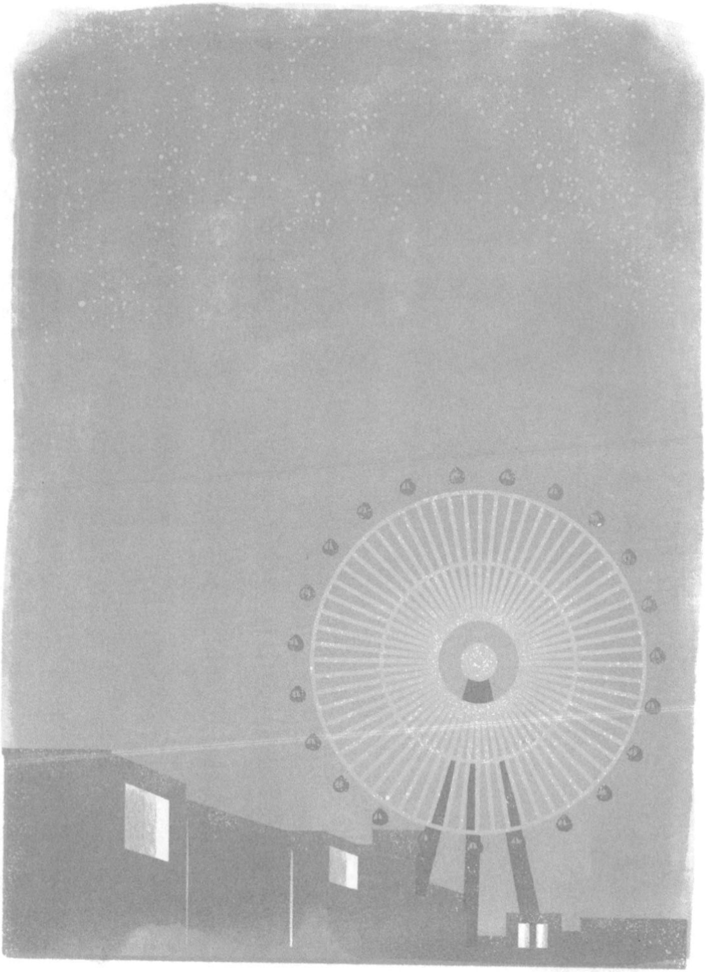

我一直知道自己著迷，靜夜中的摩天輪。也一如我多次重返，星空下的無人海邊。那是一種極致夢幻的真實，當下眼前所有靜止，都曾經是生命最深刻的湧動。

沉默以對，是因為千言萬語都無法娓娓道盡。

鏡花水月，在當下都認真地盛開綻放，並非妄相；貪戀花開不落、執著月圓無缺，才是妄念。

父親離世即將二十載，通常逢年過節都是由我開車，載送家人前往祭拜。許多年以來，這是第一次，在非重要節日時，由好友陪我來到位於北台灣的海岸線山巔的墓園。因為不是單純的旅遊行程，心情無比莊嚴。

之前在清明節掃墓時，發現原本裝飾在塔位兩旁的塑膠花，看起來有點凋零。是的，世間沒有永恆。即使是幾年前精心特選的人造花朵，也會有謝落的姿態。不想勞煩家人跟著我舟車勞頓，於是接受了好友的心意，讓他開車載送我前往置換。

路途遙遠，回程時已近黃昏，路邊小店用餐之後，原本亮麗燦爛的海天一色，被快速垂降的夜幕染成一片深沉漆黑。

只有月光，還醒著。

原來，這二十年來的紅塵如煙，只把思念都留給了遠方的浪花，在無盡的翻騰中，靜靜陪著月色皎潔。

鏡花，水月。所有會流轉的，都是無常。但鏡花水月，在當下都認真地盛開、綻放，是真實的存有，並非妄相；只有貪戀花開不落、執著月圓無缺，才是妄念。

花開花落，是盡心盡力的過程；月圓月缺，是盡情盡興的輪迴。

千江有水，千江月。多少心事，投影在多少人的心波。就算是同一款月色，也已經是不同的心情。

無論你想與誰、或只和自己，千里共嬋娟，一切的過程，都只是移動的布景。往往真正會想要探究真實存在的時候，都是因為我們被迫要面對心裡最摯愛的人已經不存在。

許多年來，教授《心經》課程超過百堂，從學員身上發現多數人認識《心經》的機緣，跟我有些類似，通常都起始於自身一個悲傷又溫馨的故事。

我是在父親過世的法會中，憶起童年時外曾祖父誦經的畫面，重新連結起對這部經典的音律。然後在不斷思索著：「人，離開之後，究竟到了哪裡？」的疑惑中，試著去精讀理解經文裡的字句。表面上是探詢生死議題，內心卻是叩問自己存在的意義，從而開啟靈魂的療癒之旅。

度過喪親的痛苦，是一段非常深刻的過程，但也因此而學習更深度的靈性成長。

二〇一七年春末，母親突然被檢查出身體七處有惡性腫瘤，經醫師診斷已經遠端轉移，最大的腫瘤影像面積達六點九公分。這是比她前兩次中風，都讓我更沉痛的消息。原來，死亡離我們比想像中的更近。

習得接納與臣服的我，很快地從眾人眼中的絕望抽離，不否認、不質疑、不抵抗、不掙扎、不議論，只是把自己帶回觀世音菩薩面前，長跪於寺廟的殿堂之下，經眾神慈悲指引，走向那條更漫長而無止境的感恩道途。

經過一年治療，母親得以痊癒重生。我開始以還願的誠敬與謙卑，講授一百場《心經》課程，至今還在繼續行進。

當能力足夠，就相信自己；
若能力未竟，請交付上天。

愛，一直在途中。你、我，其實也在成佛的路上。所有的菩薩，都已經可以成佛，祂們只是捨不得眾生，才重返人間，陪大家一起學習、精進。

曾經以為：最該懺悔的是，我們總在痛苦深淵，才記起要千方百計地找回自己內在完美的神性。只要歡喜得意，就理所當然地忘了要對天地感恩。其實在慶祝與喜悅的情緒裡，是我們最敞開的時候；唯有珍惜感恩，可以最直接召喚愛的能量。因為生死交關，能驅策自己前進的力量，多半是恐懼。

直到接觸《心經》以後，經過更深層的學習與歷練，割捨對所有二元對立的批判與論斷，讓我懂得效法自然，消除內心大部分的恐懼不安，才能夠更進一步地放下，並且完全徹底地接納與臣服。

像風中的葉子，因為葉子無條件地信任風，所以可以自由地搖曳、也可以自在地飄墜；如枝頭的小鳥，由於小鳥不保留地信任樹枝，所以可以安心的駐足、也可以瀟灑地起飛。

是的，信任。當能力足夠，就相信自己；若能力未竟，請交付上天。讓所有的愛，來成全一切。永遠不要在匱乏中乞討愛，不要把愛當成輔助站立或行走的義肢。因為，你就是愛，愛就是你。除了愛，什麼都沒有、什麼都不是。所有不愛、與不被愛的，都只是妄念而已。

愛的反面，是恐懼。那是小我作祟，不是真正的自己。累積多年來的靈性學習，《心經》教我最多的，就是：消除自我的執念。

而最深刻的體悟是：無論發生什麼事情，也不管是順境或逆境，都不要輕易論斷，只需要接納臣服；無論親疏遠近，也不管是敵人或朋友，都會願意同理，進而心生慈悲；但願無論是多大的哀痛、也不管是多麼地不捨，都能安度難關，超越生死輪迴。

「浮雲遊子意；落日故人情」據說是唐朝李白寫得最好的一首送別詩。雖然在當時，他要惜別的是友人；而人生更多時候，我們需要歡送的是自己。從「此岸」，到「彼岸」。過程中即使迷路摸索，只要不貪戀、不執著，都能活得像雲般自由。

人生，是一座遊樂園。就像摩天輪乘載歡樂與喧嘩，周而復始地，一次又一次學會放下。在寂靜的夜空，閃亮著為這個世界祝福的光芒。百般輪迴，直到涅槃。《心經》教會我們：看透，而不看破；放下，而不放空，換個角度看事情，如果你願意把所有的困境，都當作只是一場遊戲，終將發現：它只是一種愛的鍛鍊。其實我們從未真正受困，而且一直擁有翱翔的能力。

請時時記起，自己完美的靈性；不再用世俗的標準，批評貶抑。來自外在的論斷已經夠多，我們要懂得回來疼惜自己，為生命喝采！此後，終能找回天賦的力量，效法菩薩與諸神的精神，以利他成全的心念，看見此生來到這一世，因為靈性覺醒，而展現崇高珍貴的獨特自我價值。

時值全球正為新冠肺炎疫情所波及，心靈渴望再度飛揚的此刻，推出《先放手，再放心──我從〈心經〉學到的人生智慧》全新版本，重新編列為我的第一一六號作品，獻給所有與我在茫茫書海中，同船共渡的讀者，也獻給在茫茫人海中，尋找靠岸的眾生。包括：懂得懺悔、願意感恩的你。

敬請光臨【吳若權幸福書房】，以十分鐘了解《心經》要義。
並感謝讀者殷殷垂詢，引頸期待！皇冠出版的舊版書籍，已全數售罄；新版書籍，悅知文化虔誠鉅獻。

原版：自序

愛對自己

所有的人事物都是因緣和合而生，短暫的相遇，對應出一時的關係，雲來雲散、緣起緣滅，不執著於愛怨悲歡，才能解脫於煩惱，超越生死輪迴。

在沉靜的黑夜裡，常覺得有雙眼睛在遠方注視著我。

曾經，我因為生活與工作過度疲累，而徹底地忽略他。

也曾經，我因為壓力而憤怒、挫折、悲傷，在心底哀怨地反問：「有什麼好看的？」

如今，我學會靜靜地與他四目相對，感受他的溫柔愛撫，然後謙卑地向他請教：「你想告訴我什麼？」

就在我提問這一瞬間，他輕輕地消失了。

許多答案，於是從心底湧現。

三十歲那年，我曾經因為暗戀的情傷，獨自搭乘客運去日月潭。在一個初秋的雨天，投宿於尚未改建的舊式涵碧樓，雨滴沿著陽台的欄杆點點落下，像不斷在謝幕的水晶流蘇，串串都是晶瑩剔透的淚珠。

並非假日，遊客不多。雖然心情是孤單而悲傷的，但我超愛那天的日月潭。極致的寧靜，讓我漫步雨中走向湖心的那一刻，覺得自己已經融入山水之間，與天地合一。

記起自己；忘掉自己。

年輕的戀情，反覆於生命的無常。更何況是一段暗戀未竟的情傷，若有似無的虛幻，非常痛楚，卻又分明地知道，那樣的痛楚是不存在的。既然不曾擁有，又怎能強愁地說是失落呢？

我在岸邊等船，正好有一家人準備登船，男主人盛情相邀，他說包了船，不差我一個人。

跟著這陌生的一家人遊湖，談笑風生中，忘了我為什麼獨自來到這裡。細雨紛落，雲霧縹緲，從此岸、到彼岸，流轉於湖面的我回眸，彷彿看見岸邊的自己在揮手，那對熟悉的眼睛，又再度溫柔凝視著我。

先學會肯定自己，最終願意放下自己

重新憶起這既傷心、又溫柔的一刻，是在父親逝世的十年以後，教導我靈性功課的老師說，這十年來我沒有真正快樂過。即使我在任何一種情感的關係中，家庭、戀愛、朋友，都是付出比較多的那一方，內心的潛意識裡，還是透露著想要被愛的需求。在努力愛別人的時候，我常常忘了愛自己。

勇於慷慨地付出，卻始終覺得自己做得不夠好。而真正的實情，卻是：因為覺得自己不夠好，才要加倍地付出，藉此討好別人。

我，對自己，不夠好。已經出版過上百本以各種形式的愛為主題的書，體裁多元，主題寬廣，散文、小說、勵志、成長，其中有小情小愛、也有大悲大愛，回過頭來，我終於學會問自己：我，愛對自己了嗎？

這幾年坊間的出版作品、媒體節目、企業活動，談如何愛自己的主題，從「有如雨後春筍」，到現在「已成過江之鯽」，但真正可以幫助大家愛對自己的內容，並不多見。多數的論點，還是停留在：對自己好一點，打扮自己、享受美食、外出旅行、及時行樂、先愛自己才會愛別人……

比較少分享如何向內出發，找到自己的天賦，在探索到生命的意義與價值之後，先學會肯定自己，最終願意為眾生再度放下自己。

雲來雲散、緣起緣滅，不要執著於愛怨悲歡

十年時間，忽焉而過。

恍然看見，埋藏在我心中那顆幸福的種子，已經綠意成蔭。

父親過世那晚，我遵照佛事，守著他的大體，連續誦經八小時。

服喪期間，我開始每天讀經，迴向給父親，希望這份祝福能陪伴他往生極樂淨土。

那段時間，母親非常訝異，從未受過正式訓練的我，怎會唱誦《心經》？坦白說，我也不知道為什麼，總之，我就是可以朗朗上口。

父親離開後的第五年，我有機會就教於法鼓山的聖嚴師父，與他對談數次，寫成《甘露與淨瓶的對話》（方智出版）。因為它不僅一上市就暢銷，而且連續長銷多年，所以後來又有機會改版為《正面的解讀，逆向的思考》（天下生活出版）。

此書先後兩個版本問世至今，感動數以十萬計的海內外讀者，迴響極其深遠熱烈。

我也在其中學習到很多，每隔一段時間重讀，都有更深一層的體悟。

其中有兩個重點影響我最深：

第一，聖嚴師父慈悲地認為，即使我的父親雖沒有固定的宗教信仰，我甚至沒有看過他拿香祭祖，但是他一生的言行，待人處事，都恪遵佛法。聖嚴師父說，佛法就是人生的智慧，並不只是佛教的教義而已。

第二，這本書中，聖嚴師父在許多段落以《心經》為例，有非常深入淺出的開示，讓我更加親近《心經》這部篇幅很短、卻含義極深的經典。

《心經》教導眾生「自性皆空」的道理，所有的人事物都是因緣和合而生，短暫的相遇，對應出一時的關係，雲來雲散、緣起緣滅，不要執著於愛怨悲歡，才能解脫於煩惱，超越生死輪迴。

雖然《心經》的奧義甚深，但經過解釋後又可以非常淺白地貼近人生，所以它並不受限於只是一部佛學的經典，而是可以普遍應用日常的實用智慧。

花朵在綻放的那一刻，已經開始凋落的過程

為了自我精進，而繼續學習靈性成長。十年後的某個夜裡，我在重讀《金剛經》時，讀懂了其中很多以前不懂的部分，內心有些激動。

原來，很多佛經裡的哲理，是要經過歲月的洗鍊、以及人生的悲歡離合之後，才能漸漸通透。於是，決定重新回頭整理我從《心經》學到的人生智慧。而其中最深的感悟就是：愛對自己。

個性敏感如我，在三十五歲之前，經常以眼、耳、鼻、舌、身、意，覺察我自己，以及和別人、和萬事萬物的關係，甚至因為敏銳的直覺，形成準確的判斷，而難掩驕傲欣喜。

直到我開始深入學習《心經》的義理，並在實際生活中體驗，才知道那些意識的論斷，都是探索生命完美本質的障礙，我所珍愛的、所厭惡的，都是幻

相，唯有放下這些主觀，才能看到生命的實相。我不僅漸漸懂得往內在去探索自己，也找到「空無」和「圓滿」的意義。

船隻啟航的那一刻，已經開始歸帆的路途。花朵在綻放的那一刻，已經開始凋落的過程。或許，擦肩而過；或許，終究分離。

但是，我們無須為此感傷。因為，人間每一次和幸福的相遇，都是宇宙中久別重逢的緣分。我們能做的就是活在當下，放手祝福。

先放手；再放心。

割捨執念，讓心靈重獲全然的自在，才能活得像雲般自由。

真正的愛對自己，並非錦衣玉食、及時享樂；而是認真活在當下，時時刻刻保持覺察。

不但能精進自己，發揮天賦能力，以利益眾生，也能身處紅塵，而不被世俗所困。學習放下執念，消除煩惱痛苦，不再恐懼於生死輪迴。

用盡一生的漂泊，換得一次靠岸的幸福

那個夜晚，我正在燈下敲打鍵盤的書稿前跨年，從高樓窗前遠眺，夜空中正綻放著稍縱即逝的燦爛煙火，而我卻無意間看到手機裡朋友傳來的照片，感受到永恆寧靜的力量。

原來是聖誕節的前幾天，我短暫出差去上海工作後，匆忙趕回台北照顧母親。他們早我幾天先去杭州旅行，為彌補我沒有隨團玩樂的小小遺憾，留給我這張珍貴的照片作紀念。

朋友搭船遊湖之際，降下大片白雪，整個西湖頓時瑞雪紛飛。照片裡的這一葉扁舟，孤單地融入茫茫渺渺之中，彷彿即將悄然隱沒，猶如電影播完最後的空白畫面。什麼都沒有留下；但也什麼都發生過了。

愛過；恨過。寬恕；懺悔。每個生命，好似一葉扁舟。用盡一生的漂泊，

換得一次靠岸的幸福。

無論是「故人西辭黃鶴樓，煙花三月下揚州。孤帆遠影碧山盡，唯見長江天際流。」裡即將與友人離別後，還要各自精進的那條船；或是「千山鳥飛絕，萬徑人蹤滅。孤舟蓑笠翁，獨釣寒江雪。」裡的那條因為懷才不遇、備感孤單，而必須忍辱的船，我們都曾搭著船渡江，從此岸到彼岸，總有一天，還是要放下這條船，了無牽掛地走向煩惱寂滅的歸途。

相信會有那麼一天，我定靜安慧地站上岸邊，對著隨船遠去的另一個自己揮別。彼此以最溫柔與感謝的眼光凝視，曾在這一段旅程相陪。

般若波羅蜜多心經

唐・玄奘 譯

觀自在菩薩。行深般若波羅蜜多時，照見五蘊皆空，度一切苦厄。

舍利子，色不異空，空不異色，色即是空，空即是色，受想行識，亦復如是。舍利子，是諸法空相，不生不滅，不垢不淨，不增不減。是故空中無色，無受想行識。無眼耳鼻舌身意，無色聲香味觸法。無眼界，乃至無意識界。無無明，亦無無明盡。乃至無老死，亦無老死盡。無苦集滅道，無智亦無得。以無所得故。菩提薩埵，依般若波羅蜜多故。心無罣礙。無罣礙故，無有恐怖。

遠離顛倒夢想，究竟涅槃。

三世諸佛，依般若波羅蜜多故，得阿耨多羅三藐三菩提。

故知般若波羅蜜多，是大神咒，是大明咒，是無上咒，是無等等咒。能除一切苦，真實不虛。故說般若波羅蜜多咒，即說咒曰，揭諦揭諦，波羅揭諦，波羅僧揭諦，菩提薩婆訶。

吳若權 恭譯

般若波羅蜜多心經 白話簡譯

觀自在的菩薩，進入深層禪定而清楚地覺察，所有的外貌、感覺、想法、行為和判斷都是短暫的，隨著相對應的關係無常幻化，並非真實恆久的存在。只要深刻了解「自性皆空」的道理，就能從煩惱解脫，不再為愛怨悲歡所苦，也能超越生死輪迴的恐懼。

舍利子啊，有形的外貌和無形的虛空，看起來是相對的兩個極端，其實它們兩者是短暫的對應關係，實際上並無分別。其他如感覺、想法、行為和判斷，都是一樣的道理。只要心中沒有執念，就可以不受限於感官的制約。

舍利子，這世間所有的人事物都是變化無常的。具有不生、不滅、不垢、不淨、不增、不減等「六不」的特質。在宇宙中，並不存在恆久不變的外貌、感覺、想法、行為和判斷，其他諸如透過眼、耳、鼻、舌、身、意，所相對應的色、聲、香、味、觸、法，也都是短暫虛幻，並不是穩定真實的存在。舉凡從你眼裡所見，到意識的判斷，都是無常變化的。所有十八界（從眼界到意識界）和十二因緣所呈現的生死輪迴狀態，都是性空虛幻的。

生老病死，是自然現象；這無盡輪迴的痛苦，是可以消除寂滅的；只要去除執著，就能超越這所有一切的煩惱和痛苦，獲得莫大的智慧。最後，連如此理解生命的智慧都可以放下，就是真正至高無上的大智慧。從此不再有煩惱牽掛、恐懼害怕，不再執著於自我的立場，不再迷戀於不可能成為真實的妄想。這也就是從「自覺」、「覺他」，精進到「覺滿」的境界。

宇宙無始無終，三世中各有諸位千佛前來指導眾生，依循著「度到彼岸」的智慧修行，而到達消除煩惱、超脫生死的境界。

能夠讓眾生憑藉著到達彼岸的智慧，是非常神奇的、最明智、最崇高、無可超越的，只要明白這個道理，不斷持續精進，就能消除一切煩惱痛苦。人生無常，就是正常。這是生命的實相，絕對不是虛妄。請一心持誦這能夠帶領大家通往彼岸的智慧經典，一起祝禱讚頌：

去啊，去啊！一起度向彼岸，大家都前往能夠斷滅煩惱、沒有生死輪迴的彼岸，成就覺智圓滿！祝福！

PART 1

啟程，
是為了發現自己。

每個人都帶著獨特的使命，
來到世間。
遇見這些人、遭逢那些事，
各種連結，都是因緣殊勝。
從出發到歸途，
經歷千變萬化的風景，
發現不同層次的自己，
開展愛與寬恕的無限可能。

慈悲，是最高的智慧

慈悲，不但是最廣的愛，也是最高的智慧。
沒有條件設定、不分親疏遠近，能感同身受地去愛每一個人，才是真正的智慧。

為了替母親祈福，幾年前我發願要對社會大眾開辦一百場講座，分享《心經》的要義，以及如何將這雋永古老的智慧，應用於現代生活。

每次演講或上課，都會從「觀自在菩薩」這句經文開講。無論是在哪個地點、哪個時間，當我輕聲讀誦這句經文時，瞬間就能夠感受到對萬事萬物恭敬地共振，既是謙卑，也是慈悲。

《心經》以「觀自在菩薩」為起始，是玄奘大師送給所有讀誦者最美的祝福，也是最好的提醒。彷彿是佛陀要我們每一個人，透過當下的覺察，記起內在完美的佛性，對宇宙萬物充滿慈悲。不要討厭自己；也不要怨恨別人。

必須要時時刻刻記起，這本然就完美的事實，所有的覺察才有意義。否則，即使擁有最美的眼睛，還是無法看清真正的世界。

當慈悲蒙塵的時候，猶如五官六感全被主觀的意識操控，你將因為透過不真實的眼鏡，而看到扭曲的人生。你主觀地以為那是真的，其實那只是幻相。

當你覺得對方笨拙、白目或低能時，就是你的慈悲心已經蒙塵；除非，你懂得及時回頭提醒自己：我為什麼會如此評斷他人？這樣的評斷，投射出我自己內在怎樣的不安？我討厭自己嗎？我恐懼面對怎樣的真相？

這樣的提醒，就是對自己慈悲的覺察。

梵文：Avalokita為「觀」；
iśvara為「自在」。

回顧這些年來，無論是在學生時代、軍中、上班族，或是目前兼職於媒體工作，我都有幸曾經和最聰明的人物一起學習或工作，從他們身上看到很多所謂的「成功之道」，其中有些人的本領，甚至已經到了令我「嘆為觀止」的程度。有過很短暫的時期，我甚至會感到自卑——為什麼自己沒有他們十分之一的聰明能幹？

慈悲，是修行最入門的功課，也是成佛最基礎的門檻

後來，讓我更值得慶幸的是，有機會在人生中碰到幾位真正有「大智慧」的人，包括：宗教界的領袖、經營事業有成而全心投入行善的長輩、叫不出真實姓名的市井小民……從他們身上，我才領悟到：那些學業成績很優秀或是很會賺錢的人，只是擁有成就名利的知識，而這些知識確實可能為他們帶來物質的榮華富貴，但有時候這些知識反而成為他們獲得人生智慧的障礙。

最大的智慧，並不只是用聰明才能，去成就自己的事業或人生，而是時時能夠覺察自己和別人的處境，從同理別人開始，到慈悲為懷地對待眾生。

慈悲，不但是最廣的愛，也是最高的智慧。慈悲，沒有條件設定、不分親疏遠近，能夠感同身受地去愛每一個人，這才是真正的智慧。

經過這麼多年的學習，我很深刻的領悟是：慈悲，是修行最入門的功課，也是成佛最基礎的門檻。若沒有慈悲心，一切聰明才智都是空談，甚至只是成就事業的工具，最後還可能敗壞人生。

《心經》起始的「觀自在菩薩」，佛學研究專家認為可以做兩種解釋。一種解釋的角度是指：名為「觀自在菩薩」的這位菩薩，就是民間俗稱的「觀世音菩薩」或「觀音菩薩」；另一種意義是指：般若智慧已經達到「自在」的任何一位菩薩，甚至眾生透過修行，也能成為這樣具有完美智慧的菩薩。

接下來，總長度只有二百六十字的《心經》，就由各段經文，一層又一層由淺而深，有條有理地闡述，眾生如何了悟生命的本質，從解析「人生觀」到「宇宙觀」，從學習「菩薩的境界」到「佛陀的境界」。它可以說是架構嚴

菩薩：梵文為bodhisattva，是bodhi（菩提）+sattva（薩埵）的簡稱。

謹、言簡意賅的一部經典。雖然是從佛教傳出，但普遍於民間，而且說的不只是佛教的教義，更可以應用為人生的態度、處世的哲學。

「觀自在菩薩」既是典範、也是祝福。

有情眾生，都可以透過修行，而成為具備慈悲智慧的菩薩，不僅可以消除自己的煩惱，也可以幫助別人不再煩惱。活出無憂無慮、無私無懼的自在人生。

要先覺察自己，才能安頓身心

以「觀自在菩薩」作為《心經》的起始，我想對世人有一個重要的提醒：要先覺察自己，才能安頓身心。要趁年輕就找到自己的天賦、熱情，不但心口如一去實踐，還要身心合一去體驗。

從「探索自己」作為這趟生命之旅的起心動念，找到自己最獨特的才能，並將它貢獻給這個世界；然後學會放下自己，了無牽掛，就能擁有全然的自由。否則，等到年老，世俗的功課一事無成，靈性的學習上，也不知道人生最後究竟要往哪裡去？對生命時時抱著疑問，卻始終不去找答案。心情上，會是很苦悶的。

通常，這種人若是碰到親友重病，或自己必須面對「生老病死」的課題時，就會鎮日惶恐難安。既找不到安頓身心的方法，也不懂得靈魂有個出口，只是剩下肉身即將滅絕的害怕恐懼。如果真的走到這一步，這輩子的人生功課就幾乎是要重修了！而且還要等看有沒有下一輩子，可以再來世間重新學習。若是陷入無止境的負面輪迴，無異於浪擲生命，實在太可惜。

真正愛自己，就從覺察開始，安頓自己的身與心。探索自己；找到自己；再放下自己。

願意將自己所學、所能、所持、所有，貢獻出來豐盈這個世界，就完成這趟旅程的使命，可以體驗了無牽掛的如雲般的自由自在，飄過千山萬水。

觀自在菩薩：即觀世音菩薩；也泛指般若智慧已達自在的所有菩薩。

往內心更深處覺察

「觀」，也可以說是內在的覺察。
即使見多識廣，還不足以看透人生，必須學會向內，觀照自己的心。

現代年輕朋友，常在笑鬧中提到一句流行語：「真是刷新我的『三觀』！」

為避免誤解，我特別向幾位三十世代的同事求證，他們講的「三觀」，就是：「人生觀」、「價值觀」、和「世界觀」。我們的確常在言談中提到「觀」這個字，無論是「人生觀」、「價值觀」、「世界觀」，甚至是「宇宙觀」等；它可以用來表達我們對某件事情、或對人生的看法，但更重要的是，反映出一個人透過自我獨特觀點，所體現的內在覺察。

但隨著通訊與媒體的發達，目前身處的時代，資訊多得真的像是爆炸似的，具備多元、快速、強烈、衝擊、碎片……等特質。

這些爆炸型的資訊，有的是真的、有的是假的，尤其在置入性行銷非常頻繁的商業社會，即使是乍看起來很專業的新聞報導，其中有很多資訊都是被刻意造假、或是被扭曲過的。當台灣在面對全世界新冠肺炎的蔓延時，連疫情指揮中心都要特別投入許多人力物力，澄清以訛傳訛的假消息，導正視聽。從這裡就可以知道，現代人每天要接觸多少真真假假的資訊，若不小心翼翼辯證，很容易迷失在真實與幻象之間。

於是，獨立思考變得比過去任何一個時代更加困難、也更加重要。

檯面上，多的是人云亦云的專家，表達觀點時，總說得頭頭是道，但他們卻常把假的說得跟真的一樣。因此，你向外看的愈多、聽的愈多、體驗的愈多，就是往「幻相」的空間走去，更深入地經歷花花世界。

菩提：是覺悟的意思，
薩埵：指有情的眾生。

這沒有不對、也沒有不好，我們之所以生而為人的這一輩子，學習的過程常常是：先經歷過許多「不是的」、「不好的」、「不對的」，漸漸才知道什麼是「是的」、「好的」、「對的」。

就如同我們總是要經歷過感冒、生病的不舒適，才會重新體驗健康的寶貴。經歷過黑夜，才能看見星星。否則，倘若我們一直身處白晝，就永遠不知道星星其實始終都在那兒，只不過因為白天的太陽光線太強，才隱沒了星星存在的位置。

外界的環境愈封閉；內心的世界愈自由

就像在新冠肺炎爆發之前，很多人許久以來的夢想，就是要去各地旅行，想環遊世界。有些人確實好不容易克勤克儉地存了一筆錢，終於啟程出發。

我有幸在三十歲之前，遊歷超過三十個國家。在累積了許多旅行的經驗之後，我發現：

每往外面的世界踏出一步，就會向內心深處更近一步。我們總要離開家夠遠、夠久，才會真正想念家中的一切。

或許，有一天你的形體再也回不去了；但是，你的心在那一刻才與你所想念的家，真正地合而為一。

這些年來，因為新冠疫情的影響，旅行變得不像從前那麼容易，彷彿連回到自己的內心，都連帶變成一件更不簡單的事情。

可是，在不能出遊的歲月，類似閉關的日子，不就應該是返回自己內心深處，抵達放下煩惱的彼岸，最好的練習嗎？

當外界的環境愈封閉；就是鍛鍊自己內心世界愈自由的最好時機。

所以，我常常覺得，這是一個自古以來最迷亂的時代，卻也是最有機會找回真心的時代。多少人總要在入夢前，告誡自己這是今晚最後一次滑手機，然

菩提薩埵的「埵」字，發音同「朵」。

後卻在輾轉難眠的深夜裡，覺察到自己的孤寂。

失眠，未必不好——那或許是生活中最清醒的時刻。

關鍵在於：是讓自己躺在床上，為了睡不著而繼續無助地感到焦慮；還是決定起床，解決為什麼會睡不著的人生各項問題？到底在煩惱些什麼呢？哪些人或事，令人牽掛、無法放下？

失眠的時候，不要讓自己一直處於睡不著的焦慮狀態，而是清醒地覺察自己的煩惱，試著去接受當下的現狀，以臣服的心態，取代否認與抗拒，就會找到與自己和解的方式。

真正的覺察，
是讓自己看清楚所處的狀態

面對無常即是日常的人生，一般人難免因為太多未知而感到惶恐不安，情緒無比焦慮。在心理學上，處理焦慮的第一步，是問自己：「我在擔心什麼呢？」擔心的背後，通常是恐懼。必須深入內在，挖掘出這份恐懼，才能正本清源地看清自己。

《心經》經文起始於「觀自在菩薩」的「觀」字，有多重的意義，其中最重要的是內在的覺察。即使見多識廣，還不足以看透人生，必須學會向內觀照自己的心，才能通透這一生所為何來的經歷，把真相看清楚，終於懂了這些人、那些事，之所以發生的因緣，以及自己必須學習的如何提起、如何放下。

剛開始的階段，我們確實必須憑藉知覺，才能支持著身心往前走下去，直到有一天靈性成長到可以超越知覺所辨識的一切，就可以把它放下。就像不會走的孩子，需要靠「學步器」助行，等到他會獨立步行，就不需要倚賴「學步器」了。

真正的覺察，是讓自己看清楚所處的狀態。在當下的每一刻，知道自己身在哪裡、為什麼、想什麼、是什麼、做什麼！然後，因為能夠完全地放下，而達到空無的境界。

菩薩：意指追求完美智慧的有情眾生。

心，在這樣的當下，開始自在飛翔。

《心經》既講「人生觀」、「價值觀」、「世界觀」，還講「宇宙觀」。並且從「三世因果論」，導引出「空無」才是人生的實相，要眾生放下執念，達到「菩薩」的境界，最終修練成佛。

站在人生的渡口，遠眺空茫的天際，要如何才能向內覺察自己完美自在的本性，開啟這一生無憾的旅程？閱讀《心經》時，猶如在翻閱一部充滿哲學智慧的人生指南，在天南地北闖蕩江湖之際，不會背離自己該去的方向。

觀點，決定看到的結果

「觀自在菩薩」的「觀」字，有豐富的意涵。
它是一種觀點、一種態度，也是一種風格、一種理念，也可以說是生命哲學。

現代多數人，都以智慧手機取代傳統相機，看到喜歡的場景，可以對外攝影，也可以把鏡頭轉向自拍。處理影像時，還可以使用內建軟體的濾鏡，改變當初拍攝現場的光影，輕易在瞬間調整成「自己喜歡的效果」。

是的。「自己喜歡的效果」這句話是要加引號的。因為，這往往代表的是一種積習，也會是一種執念。

自己喜歡，不代表就是對的、就是好的；自己不喜歡，也不代表就是錯的、就是不好的。更何況，這世界還有其他人的存在，他們都還有各自的「自己喜歡的效果」。

靈性學習上，真正的「觀」，不只是看見自己看見的，也要試著去體會與了解別人所看見的。也許彼此所見互有差異，但也正是因為雙方可以兼容並蓄，所以才不會侷限自己的視野，看見更寬廣的世界。

這是一個很巧妙的體驗，也可以是很方便的練習。原來，《心經》起始這句「觀自在菩薩」的「觀」字，在日常生活中，可以有這麼多的巧譬善導，讓我們漸漸學會如何區分「實相」與「妄相」。

眼睛所見，不一定是真的。而真的，也未必是靠眼睛去看見。

如果觀看人事物，總是用特定的角度、用特殊的濾鏡，就會一直呈現那樣的效果。當我們有了自己的一番見解之後，只要願意站在別人的立場、透過另一種眼界，來觀察同樣的人事物，就會產生不同的看法，我們的心，也將因此被打開。

許多修行人致力於自省的「內觀」（Vipassana），當中最重要的意涵也是如此。「內觀」就是要放下自己原有的主觀意識，如實地觀察自然、觀察自己、觀察身心不斷的變化，徹底體驗無常，洞見生命無我的實相。

從看清花花世界、再向內看見自己，到最後看到生命的空無。「觀」，也就從「觀察」到「見解」，再從「風格」到「哲學」。

練習簡要陳述自我觀點，呈現與眾不同的風格

當我剛踏入出版界時，很幸運地因為幾本書暢銷，而常有機會被媒體記者訪問，包括東南亞、中國大陸的記者都找上門。

那時候的我，常覺得接受媒體訪問最困難的，是突然要應付以下這種大哉問：「請跟我們說說你的人生觀？」「請簡單聊聊你的愛情觀？」

這真是很不容易的事。類似這種範圍很大的問題，非得要多花點時間，才能真正清楚而具體地抒發己見，如果只是短短五分鐘，實在難以完整表達，所以我常反過來先請教記者：「針對這個問題，你打算寫幾個字啊？」

記者老實回答：「不會超過五十個字吧！」

於是我說出：「愛情，就像放風箏，拉線的手要記得放鬆一下、扯緊一下，風箏才能飛得高、放得遠！」這樣的答案。

那是當年的我，對愛情的看法。依照媒體需求，一言以蔽之；但並不代表感情的經營，就是這麼簡單。

它所能呈現的內容，也就只是那個階段的我，對這個問題一個很濃縮版的觀點而已。

如果現在還有人問我同樣的問題，我的答案可能會更接近：「愛情，是兩個人從前世到今生，久別重逢的修行！」

每一種回答，都沒有對錯，但可以是一個溝通的起點，讓對方可以大致了解你的看法。

觀點要獨到，
而且有創意，才有影響力

事隔多年回想起來，能利用簡短一句話，精簡概括地表達自己對某些事情的看法，並讓別人在有限的時間內，了解你的個人觀點，是很必要的練習。

其實也不只如此，任何人都能透過網路，快速分享自己獨到的觀點，甚至因此能對當代或後代有所啟發，這是很有價值的貢獻。尤其，在當今這個特別講究創意的時代，獨到的觀點不僅能吸引眾人目光，也能產生很大的影響力。

難就難在，除非很懂得形容與表達，否則愈是獨到的觀點，愈不容易一下子說得清楚；即使能說清楚，未必獲得認同；能被認同的觀點，卻不一定禁得起時間的考驗。

唯有真正獨到而且具有建設性的觀點，才足以傳世，並且歷久彌新，產生巨大的影響力。

曾經榮獲奧斯卡金像獎的國際知名導演李安，曾這麼說過：「電影，不是把大家帶到黑暗裡，而是把大家帶過黑暗，在黑暗裡檢驗一遍，再回到陽光底下，你會明白該如何面對生活。」他用短短一句話，不僅詮釋畢生所熱愛的電影，同時也如銀幕般投映出值得省思的人生哲理。

觀點，最簡單的解釋，可以說是你對自己、對別人，或對萬事萬物的看法。而《心經》「觀自在菩薩」的「觀」字，含義甚深。它可以是一種觀點、一種態度，也是一種風格、一種理念，更可以說是生命哲學。

一個人所分享的價值觀，正代表他內在的思考與邏輯

每當我去演講的時候，總是樂意跟聽眾互動，尤其是Q＆A（問與答）的時間，常是最精采的。

我也經常報名參加課程，角色換作成學生身分，即使當場沒有適當的機會或疑難提問，僅僅是專注聆聽別的同學發問，也能身歷其境般地感受到他的問

觀自在菩薩：為佛教中知名度最高的大菩薩，有「家家阿彌陀，戶戶觀世音」的美譽。

題所在，並從老師回答的內容中，學習到很多智慧。

但無論我是擔任主講者或聽眾，到現在還是有機會聽到這樣的大哉問：「請問你的人生觀是什麼？」或是「可不可以跟我們分享你的感情觀？」翻譯得更白話些，這兩個問題的意思往往是：「你對人生的看法是什麼？」「你對感情的看法是什麼？」

這種問題確實不好回答，若要認真詳述，恐怕兩個小時也講不完；但無論是聽者或講者，如果可以當場靠三言兩語就切中要點，肯定會令人印象深刻。從對方分享一、兩句話所呈現的價值觀，可以推估他最重視的是什麼。

即使得到一個類似「人生如夢。」「活在當下。」「愛是永恆。」這樣簡短如成語句型的解答，還是可以推敲出這個人的價值觀。

例如，「人生如夢」的意義，很可能並不在字面上的意思，也不必去追究夢是什麼、夢境的意義為何？它只是要勉勵你「做人不要太計較」；而「活在當下」是要提醒你「接納所有的發生」；「愛是永恆」是要鼓舞你「珍惜所有的相遇」。

放下自我的執念，願意傾聽學習

經過這幾年來更多的人生歷練之後，我認為：獨到的觀點，不只可以用來陳述自己的立場，同理別人的遭遇，還有一個更難能可貴的應用功能，就是：用特別的角度切入，詮釋人生的故事。

碰到挫折或逆境時，如果能夠找到全新的、有益處的見解，就能提醒遭逢痛苦或失意的人，以「回頭是岸」般的覺悟，不再泅泳於悲傷的沼澤，邁向可以讓靈魂成長的里程。

例如，離婚不代表婚姻的失敗，而是兩個人透過一段婚姻去理解自己真正的渴望，發現彼此不再能繼續共同成長時，願意成全對方去做回自己。

曾連續十三年蟬聯全球首富的微軟創辦人比爾・蓋茲（Bill Gates），

《無量壽經》記載觀世音菩薩與大勢至菩薩，同為極樂淨土中阿彌陀佛的左右脇侍菩薩，合稱「西方三聖」。

在六十五歲高齡，與妻子梅琳達（Melinda Gates）共同宣布離婚，結束長達二十七年的婚姻。外界霧裡看花，傳出不少八卦。但我就很佩服他們各自的勇氣，把握僅有的餘生，選擇去過自己想要的生活。斷捨離了部分財富與名聲，卻贏回內在某些更重要的自我。誰能說，離婚一定是壞事呢？

關於身邊發生的事件，或屬於自己的人生故事，你有獨到的見解嗎？

相對地，看待別人的角度，你可以有其他更犀利或溫柔的觀點嗎？例如，一個人做了壞事被逮捕之後，死到臨頭還是堅持不肯認錯，大多數的評論都是看到他的傲慢，但另一個觀點卻很可能是，他很恐懼、也很軟弱，以至於無法承擔自己的錯誤。

我們可以說：觀點，就是看法；但也不只是看法而已。很顯然地，這個「觀」和「看」，不只是用眼睛的視覺功能，連結頭腦去理解而已，還要用耳朵去聽、用心去感受、用各種不同的人生經驗去體會。唯有這樣，你才能講出一個觀點，或聽懂別人的觀點。否則，就很容易盲從，或因為不理解而非理性地反對別人的意見，變成情緒的對立。

必須要能張開眼睛去看、專注耳朵去聽、全心全意去感受，願意謙卑地知道自己有限的人生經驗，一定還無法完全同理對方於萬分之一，才會真正地放下自我的執念，願意傾聽學習，保持內在與外界和諧的關係。

《心經》以「觀自在菩薩」為起始，「觀」字有覺察的意思，要勉勵我們在有限的時光中，及早向內自省，唯有足夠了解自己，而建立因為懂得謙卑而無可動搖的自信，據此洞澈生命的道理，最後還能放下自己，臣服於宇宙的真理，才能活出人生的真相。

願意主動改變自己

「行深般若波羅蜜多時」的「行」字，是行動、改變、實踐、精進的意思。是一種為了精進自己而願意主動的學習，也可以說是修行。

很多熟女在看完我的直播節目、或上過我的成長課程後向我抱怨，要改變伴侶的習氣十分困難，夫妻總是為日常小事吵架。我好言相勸：「妳願不願意先改變自己呢？或許等妳改變的幅度夠大，對方就會跟著改變了。」

幾年前，我去參加一個知名的成長課程，主題是「改變的力量」。

老師在課堂中講了一句十分有深意的話：「修行，你若不修改自己，就等著被別人修理。」我們在生活中有些積累已久的習氣，若不透過學習的方式，修改自己的生活習慣、思考方式、行為模式，遲早會遭受到很大的挫折。

偏偏，大多數的人在遭到挫折時，本能的直覺反應都是：對方應該改變。很少人能在當下就反躬自省，覺察自己應該先做出改變，當自己的改變夠大，才能影響對方做出改變。

「行深般若波羅蜜多時」的「行」字，是行動、改變、實踐、精進的意思。總體來說，「行」就是一種為了精進自己而願意主動的學習。廣義而言，也可以說是修行。尤其，相對於人生的無常，我們更必須在安頓身心上，有所積極的作為。

不肯改變的人，不是太執著於過去的習氣，就是偷懶。當然，還有更多的可能，即兩者皆是。既執著、又偷懶；或是因為偷懶而執著於過去。

行深般若波羅蜜多時：可斷句為：行深・般若・波羅蜜多・時

努力還要用對力，否則一樣是徒勞無功

青少年時期，我曾受困於不會游泳，而被體育老師近乎以霸凌的方式對待。為了能夠順利通過考試，我到游泳池旁邊觀察別人的姿勢，看他們如何划水、踢腿，試圖以無師自通的方式學會游泳。

雖然後來終於學成最簡單的蛙式游泳，也足以應付學校體育課程的測驗，但中間有很長的一段摸索時間，不斷灌水嗆鼻、手忙腳亂，身體好不容易可以浮在水中，卻不論手怎麼划、腳怎麼踢，都前進不多。

這個經驗教會我，有決心學習還不夠，努力還要用對力，否則一樣是徒勞無功。幸運的是，游泳池畔有些陌生的大叔、大哥，看到我在水中「力爭上游」的糗樣，主動過來伸出援手，指點我幾個技巧，才終於能夠往前進。

如果當年的我，只怪體育老師不用功教學，又沒有愛心；或是自己不斷逃避、沒有多嘗試不同的學習管道，就無法脫離不會游泳的困境。

願意為了改變自己而學習，並且持之以恆地去追求進步。每天小小的改變，日積月累下來，就會得到很大的成長。

只有願意改變自己，接下來的學習與精進才有意義。如果固守執著於過去，不願意改變自己，就很難產生真正的行動力。而改變的意願，是基於怎樣的起心動念，則是最重要的。

最低層次的改變，很可能是因為走投無路了，為求一線生機，不得不改變。就像我青少年困頓的時期，學業成績很差，最後沒考上高中，只好去讀「國四班」重考，在昏天暗地的補習生活中，檢討自己之前為什麼不用功、讀書不懂方法，終於漸漸開竅。

而最高層次的改變，動機是為了替別人創造幸福。這樣的改變，會放下小我的自私與恐懼，割捨長久以來的習氣與執念，以高我的超意識為引導，嫁接起自己與眾生的愛與信任。不僅具有神聖的力量，也會有很大的作用。

先覺察到自己需要改變，才能啟動改變的決心

我曾訪問過一位企業家，他因為經營不善而負債三千萬，也覺醒到必須重新調整經營管理的方針與策略，於是放下老闆的身段，改變生意的型態，踏踏實實從小店開始，並以兼差、教課等收入，慢慢還債。

因為走投無路而做出改變，外人看來有點可憐。但是，能夠置之死地而後生，就有機會從谷底翻身。

失敗，並不可怕；比失敗更可怕的是，不願意改變失敗的局面，給自己機會重新開始。

另一種改變的意願，起因於為了對別人好，而願意改變自己。

有個女性朋友，天生是嬌嬌女，不顧父母反對，嫁給一個經濟基礎不好的男人。她不但放棄大小姐身分，去求職找工作，還為接送小孩去保母家，學會騎機車，讓我們對她刮目相看。

當然她的改變，必須是基於自己真正地心甘情願才會奏效；否則，常會因為對方表現不如己意，就否定自己，貶抑對方，認為這樣的付出不值得，這就扭曲了主動改變的意義。

還有一個脾氣很暴躁的男人，幾次因為小事和愛妻口角，看到她數度痛哭的樣子，心有不捨而承諾要改變自己的個性，並答應要戒菸。起初連愛妻都帶著淚眼說：「江山易改，本性難移。更何況菸癮很難戒除，我不願太勉強你。」但他說到做到。

從很多案例中，我發現：願意改變自己，決心是最重要的關鍵。能夠覺察到自己需要改變，無論是因為已經走投無路，或是真心無所求地只是想要為對方付出，都會產生很強的動力。只要啟動很大的決心，加上持續的努力去改變，就可以讓自己的生命更為精進，也可能因此而為別人創造更多的幸福。

先臣服；再行動

接納，看似一種被動的應對，其實是主動的化解。
尤其是在逆境時，愈快、愈早地接納，就不會有太多負面情緒在原地打轉。

多年來，我不間斷地學習靈性成長，漸漸體驗到《心經》中「行深般若波羅蜜多時」的「行」，除了行動、改變、實踐、精進等修行的功夫之外，還有一個很重要的策勉，就是「臣服」。

這個觀點純粹是我個人的感悟，在其他有關解釋《心經》的著作中，比較少被提及。我認為：

必須隨順臣服於因緣，才不會處處覺得窒礙難行。只要內心願意百分之百的臣服，就不會把心力花在抵抗上面。

遇到不順心的事情，與其對著天空，向所信仰的神抗議地大喊：「為什麼是我？」不如默默地感謝這個遭遇，接納這個處境，然後問自己：「我可以學到什麼？」

接納，看似一種被動的應對，其實是主動的化解。尤其是在逆境時，愈快、愈早地接納，就不會被太多負面情緒困在原地打轉。

若在尚未接納之前，就立刻展開行動，常流於情緒性的抗拒或反擊，表面上是進攻，其實會傷害到自己。必須學習在第一時間接納，才有機會讓負面情緒或反向能量進行轉化，並且釋放。

「以牙還牙；十倍奉還！」這句話是因為日劇《半澤直樹》而再度廣被傳

聞的流行語。

或許，短期上具有勵志的效果；但是，以長期的眼光來說，個人的成長與進步，最好不要建立在報復的基礎上，否則有一天現實生活的敵人被打垮，或修行到心中已經沒有敵人的時候，就會失去讓自己變得更好的動機。

因為擁有智慧而無所畏懼，才能隨順於生命無常的變化

所謂的「臣服」，是很積極的力量；並不是消極的放棄。

我在YouTube頻道「吳若權幸福書房」，錄製很多支介紹「臣服」這個概念的影片，也推薦不少相關書籍。

有一天，接到一位觀眾留言，大意是問說：「臣服，若是要完整接受，那不就沒有改變的可能了。」

這是一個難能可貴的好問題！他問到了很多人共同的疑惑。我的解答是：

臣服，是要你接納當下所有已發生的事情。就像有人從錯誤的地方，丟一顆球過來，你總要穩穩地接住，才能重新往對的方向投出。

這就是我說「要在當下接納所有的發生」的意思，如果你只是一味地抗拒排斥，跟老天討價還價說：「為什麼讓我遭遇到這件事？」「我才不要呢！」把時間花在懷疑、憤怒與否定，就會錯失成長的機會。

在奧修禪卡中，有一張牌是「順著河流」，意思是不要試圖改變河流的樣貌及流動，只需順服於河流的方向前去。簡單的概念，卻有很深的意涵。這裡的河流，指的是生命的河流。那是不可抗拒的真理，是最高的愛與寬恕，也就是慈悲。

面對生命的這條河流，我們必須要先能臣服，讓身心都放鬆，不要抗拒掙扎，才能繼續向前漂游。這個動作看起來絲毫不費心力，但需要很足夠的練習，才能做到。

如果有人可以不費吹灰之力就能做到，是因為他心中充滿對愛堅定的信仰。他足夠信任自己、也非常信任神。真正因為信仰而對挫折遭遇無所畏懼的人，才能輕鬆自在地在生命的河流上漂流。

因為擁有智慧而無所畏懼，才能隨順於生命無常的變化。反之，不相信自己、也不信任神，猶如不會游泳卻意外落水，勢必因為緊張害怕而手忙腳亂拍打，卻因此更加速沉溺。

關於所有「修行」的智慧，我們可以透過學習，讓自己從「知道」到「做到」，最後放下一切，變得根本不需要知道，因為在這個階段，你的心便是神的旨意。「知道」和「不知道」已經沒有差別，聽從上天的旨意行進，讓宇宙最高的神指引你一切。

印度大師奧修說：「當你的頭腦停止，而沒有興趣達成任何事情，它就達成了佛性。當頭腦完全停止不再走到任何地方，它就開始向內走。」這裡的頭腦，指的是心智（mind）。

他的意思是：不要刻意帶著目的性，去追求靈性或神性，當你放掉這個念頭，就會看見自己內在完美的知見。

知道，還要做到

我們可以在困難中學習，把每次挫折都當作是禮物。勇於面對，打開外表有缺憾的包裝，深刻去體驗它，找到意義，就會得到智慧。

法鼓山聖嚴法師曾經在講解《心經》的時候，把「行深般若波羅蜜多時」的「行」，注釋為「用」，也就是善用智慧。將這個觀念應用在改變自己、追求進步上，也是很有見地的提醒。

因為即使有決心改變自己，絕不能「有勇無謀」，要有策略、有方法、有計畫、有方向的改變，也就是我常說的：「努力，還要用對力！」

無論是要以做運動或控制飲食減重、離開一段很糟糕的感情關係、改換能發揮自己熱情的工作，多數人之所以在原地踏步，有兩種可能：

一種可能是寧願醉生夢死，也不願面對現實；另一種是明明知道要改變，卻就是怎樣都做不到。

「不知道」是欠缺自我覺察。除非自己要清醒，否則別人叫不動他。有一句話說得很諷刺，卻是千真萬確的事實——裝睡的人，永遠叫不醒！只能等曲終人散，他才會悻悻然地，帶著遺憾離開原來的地方。

「知道」卻不能「做到」，有三個原因：決心不夠、努力不夠，或方法不對。這時候就需要透過學習，來讓自己大澈大悟。不但「知道」，還要「做到」！

佛法要我們真實地去經驗，而不是僅僅去閱讀人生的操作手冊，光是紙上談兵。

我們可以在困難中學習，把每次挫折都當作是禮物。勇於面對，打開外表

般若：至高無上已經通達真理的智慧。
波羅蜜多：超度到彼岸。

有缺憾的包裝，深刻去體驗它，找到意義，修正自己，就會得到智慧。

每個對你不夠友善、難以討好、挑剔找碴、負義背叛的人，其實都是貴人，他們是化了妝、變了臉的天使，是上天安排來鍛鍊你的勇氣與毅力。

有個小故事說，上天派來的三位報信者，分別是：年老、疾病和死亡。可惜，多數人視而不見，於是錯過認識神的機會。

即使是「死亡」，也是一個值得學習的經驗。當我們認真而勇敢地接受，有一天終究會死去的事實，甚至以平靜的心情迎接那一天的到來，就有機會從此得到超越生死煩惱的智慧。因為對佛教徒而言，死亡是靈魂捨下肉身的過程，接下來便進入下一個輪迴的旅程，並不是所有因緣的結束。

同理別人的痛苦，有助於擺脫自己的煩惱

解決生活中每個問題的方法，都值得好好學習，發揮聰明才智去讓自己從

中得到處理的經驗。善用這些小智慧，可以幫助我們不再陷於痛苦煩惱之中。但人生最大的問題，應該就是：如何擺脫煩惱，不再讓自己的心受苦？

要幫助自己擺脫煩惱、讓眾生離苦得樂的方法，就得運用最高的智慧才行。在我的理解中，這最高的智慧，就是慈悲。

慈悲，既是最高的智慧，也是最廣博深廣的大愛。慈悲地對待自己的身與心，用智慧放下愛怨，同理地去對待別人，就是脫離煩惱的不二法門。

當人人都可以同理彼此，慈悲地對待萬事萬物，超脫所有的得或失、生或死的煩惱，最後是連智慧都派不上用場，也就到了完全空無的境界。

而終極的空無，才是最大的自由。

這樣才能讓自己免除於對私利汲汲營營地追求。當我們感覺自己的需求愈來愈少，來自神性的祝福就會愈來愈多。

般若波羅蜜多：
梵文為Prajnaparamita。

勇氣，從鍛鍊戒慎開始

真正夠深的河海，看起來常是平靜無波的。對於這份深，要保持足夠的虔敬。這是所有勇者該有的戒慎；忽略這種戒慎的心情，就是愚昧，會帶來危機。

深度，之所以令人尊重，是因為它從外表看不出來；必須要以足夠謙卑的態度去敬畏與學習，你才能看出端倪，窺見堂奧。

就以勇氣來說吧，如果以為練就一身功夫，就可以膽大妄為，那只是血氣之勇，並非真正的勇敢。真正的勇敢，是懂得小心戒慎，把每一個面對的挑戰，都當作成長的機會。同時，也會尊重看起來平凡無奇的際遇，因為只要好好珍惜，裡面都藏著豐富的大禮。

如果只看表現，而忽視了內在，有可能帶來很大的危機。就像是每年夏天初來乍到時，我都會在主持的廣播節目「媒事來哈啦」中接連呼籲青少年：「外出戲水，一定要注意安全。」遺憾的是，每年夏天總還是有很多年輕朋友，溺斃於波浪之中，平添冤魂。因為這些孩子，往往沒有真正評估過水深的危險性，不幸被溪底的漩渦或突襲的大浪捲走。

我訪問過幾位資深救生員，他們一致表示，常發生溺斃案件的水域，其實都有豎立警告標語，最常見的就是：「水深危險！」但是很多青少年，對這四個字，似乎視而不見，任性地縱身一躍，從此沒有回頭。

或許他們並非真正對「水深危險！」四個字視而不見，而是因為僥倖而有所輕忽。心中抱持著「我應該不會這麼倒楣吧！」、「意外，絕不可能發生在我身上。」的心態，瀟灑躍入看似平靜、卻內藏暗流的水域。

尤其是天氣晴好的時候，常讓他們失去警覺，並不知道眼前的清澈見底，

般若：

讀音同「玻惹」。

只是幻相而已，真正的河海裡，有著深不可測的水流湍急。真正夠深的河海，看起來常是平靜無波的。對於這份深，要保持足夠的虔敬。這是所有勇者該有的戒慎；忽略這種戒慎的心情，就是愚昧，會帶來危機。

有些青少年溺斃，是為了在同儕中表現氣概，顯示「自己沒在怕的！」這是很大的誤解。戒慎和恐懼大不同。能夠戒慎，才是真正的勇敢。戒慎，是因為尊敬而謹慎；恐懼，則是因為擔心欲望沒能夠被滿足，而不斷地患得患失。

內在能量愈豐沛的人，外在表現愈謙卑

在電台工作，我常有機會見到知名藝人。愈是真正有成就的藝人，看起來愈是和藹可親，這是他們的修為。我們會因為懂得他的深度，而更加珍愛他平易近人的特質。相對地，只有涉世未深的人，才會逾越這道尊重的界線。以為對方平易近人，看起來沒有架子，就開始沒大沒小，亂開玩笑，不但有失禮貌

的分寸，也露出自己的淺碟。

這也難怪，有少數對自己信心不夠的藝人，為了怕被別人看輕，就故意武裝自己，而表現出高不可攀的樣子。或許可以騙過粉絲，卻瞞不過電台這些看盡藝界榮枯起落的同仁，他們會為這樣的藝人感到可惜、也可悲。

另一種令人感到可惜、也可悲的是陪同藝人來上節目的宣傳人員，很多是狐假虎威膨脹自己，也有少部分是受藝人指使而刻意幫他虛張聲勢，其實都很容易看破。

我接觸過各種不同領域的人，從他們身上看到人性豐富的面貌，也可以歸納出共同的特質。其中讓我印象深刻的典型之一，就是這種喜歡刻意故作「莫測高深」的人，因為自己不夠深，怕被看淺了，就來個烏賊噴墨，混水摸魚，但誇張的行徑早已現形，大家只是不想拆穿他而已。

內在能量愈豐沛的人，外在表現愈謙卑。如同真正勇敢的人，並非一味地衝撞，刻意地鬥狠，而是懂得尊天敬地，禮遇每次來到眼前的緣份，即使它以挫折的姿態出現，都能因為臣服與接納，而看到祝福的美意。

敬重深厚的力量

透過水的浮力原理，可以體驗深厚的力量，
但前提是你必須敬重這份深厚，才能享受它帶來的好處。

看似平靜的河海，往往才是真的深不可測。看似謙虛客氣的人，往往有很深厚的內涵。

如果你輕忽了看似平靜的河海中可能有的深度，做出輕藐冒犯的行為，就會招致危險。如果你不能尊重看似謙虛客氣的人，將錯過向他們學習的機會。

甚至，你最後會淪為裝腔作勢的那一掛。

我有晨泳的習慣，夏天換到戶外的泳池，是符合國際比賽的標準池，就會感覺比之前在室內溫水游泳池游泳的時候輕鬆很多。主要的原因是戶外泳池的面積廣、深度夠，相對之下，浮力比較大，游起來覺得比較舒適。

透過水的浮力原理，可以體驗深厚的力量，愈是深廣的游泳池，能夠提供比較大的支撐，但前提是你必須敬重這份深厚，才能享受它帶來的好處。否則，水深池廣，萬一暖身不夠，突然腳腿抽筋，意外發生時，無論自己想游回岸邊或等待救援，也是很麻煩的事情。

換季之後，冬天我重回規模比較小的溫水游泳池，剛開始幾分鐘會有點不習慣，但也很快就重新適應了。

這個經驗，是很好的學習。我因此更懂得覺察：自己在靈性學習上用功的程度，並用以觀察別人。

我敬重每一個有深厚德行的朋友，警惕自己不要受限於膚淺的資訊中，必須以戒慎的態度，往更精深的理念去追求，才無枉此行。

若輕視對方，淺窄的是自己的眼光，不是對方的特質

對待一個人、看待整個人生，這樣的學習態度，都是適用的。

當我和別人相處的時候，不會小看他的能耐和影響力，即使他的表現不如我的預期，還是會多保留一些認識的機會，以期發現他更有深度的一面。

這世界上，沒有人是一無可取的。只要能夠用心觀察、用愛相待，每個人都有值得學習的優點。若輕視對方內在的靈性，認為他沒有深度，這時候淺窄的是我們自己的眼光，不是對方的特質。

應用這個道理來看待人生，就會得到策勉自己必須要更加精進的力量。不能停頓在任何一個自我滿足的時刻。可以自我肯定、自我喝采，但不能自以為是、自以為了不起。

從這個觀點看《心經》中「行深般若波羅蜜多時」的「深」，就不只是形容深度而已，它也可以搭配前面的「行」這個動詞，成為一種勉勵的話，意指更加精進地學習，期勉自己的修行可以更加深厚。最後，還必須能夠超越這一切。而「深般若」所指的，正是具有深度的大智慧，可以帶領我們超脫生死煩惱，不是應付一般日常生活的小聰明。

佛性的智慧，用於測量與穿透。讓我們因此而終於領悟：真正最深的海，不是在地球的表面，而是在你的心底。

能超越煩惱，才是大智慧

無論多麼志得意滿、或挫折失落，都還是會覺得內心空虛，唯有更高的智慧，能夠幫助自己從煩惱解脫。

在《心經》中的「般若」是音譯的文字，可以暫用「智慧」來解釋。但大部分的學者專家都認為，當初這些佛學經典傾向保留「般若」而不直接翻譯為「智慧」，是因為兩者之間，還是有些層次上的不同。

如果加上「深」這個字，而以「深般若」這一個詞彙解讀，可能就更容易理解。以直覺聯想，相對於「深般若」的，無疑就是「淺般若」了。如同之前提到過的，用日常生活用語來解釋，「淺般若」可以說是「小聰明」，而「深般若」就是所謂的「大智慧」。

這個「大智慧」要大到什麼程度呢？就如同我剛剛在前面提到的，它可能不是字面上大小規模的不同，而是層次上的差異。

舉凡紅塵俗事，跟功名利祿有關的，所有技術上的追求，都被歸類為「淺般若」，也就是「小聰明」；唯有和靈性層面相關，可以幫助自己消滅妄念、擺脫煩惱，看見生命實相的，才是「深般若」，也就是「大智慧」。

從小我們看那些成績很好的人，大部分都很聰明，只有很少的部分是天資不夠，靠自己「勤能補拙」，才拿到高分的。雖然這些很聰明的學生，所具備的才智，是用來對付考試與升學的，但也已經夠令人羨慕了。

相較之下，另一些孩子是需要靠「勤能補拙」，才能跟上進度、或名列前茅。要讓這些尚未發育長大的孩子，覺察到自己的天資不夠聰敏，甚至接近笨拙，然後還要「勤能補拙」，替自己翻身，這畢竟是太困難、也太殘忍的事。

淺般若：指透過意識邏輯而得到的智慧，可以到達「自覺」的程度。

我是屬於少數的後者。因為住在山上沒有幼稚園，我五歲就提早被爸媽送入小學（這段故事真是說來話長，有興趣了解的朋友，請參閱《從前，有個笨小孩！》天下文化出版。）小學六年在鄉下讀書沒競爭壓力，並不覺得自己學業成績特別糟糕，直到國中遷回台北市區就讀，才發現自己的能力差別人一大截，讀得很吃力。

就這樣苟延殘喘到參加高中聯考，理所當然地落榜之後，蹲在「國四班」重考一年，終於知道唯有靠「勤能補拙」，才能扭轉人生。

從世俗的眼光來看，爭取到優秀的考試成績、擁有很高的賺錢能力、能夠成功經營事業、維繫幸福感情或婚姻，無論基於先天聰穎或來自後天努力，都是很有才華的表現，值得為自己感到欣慰。

但是，這些足以把自己推進「人生勝利組」的知識能算是智慧嗎？或是說，這些可以幫助一個人功成名就的知識，足夠超越生死、解脫煩惱嗎？會不會這些知識，有時候反而是超越生死、解脫煩惱的障礙呢？

社會版的新聞，經常出現：資優生自殺、企業家厭世、大明星憂鬱等個案，如果這些在世俗中被眾人稱羨的高度成就者，心裡都有過不去的關卡，可見除了聰明之外，我們還是要有更大的智慧，才能超越煩惱啊。

無論聰明才智高或低，
每個人都有煩惱要超越

年少的時候，我曾經很想要得到這種可以爭取考試成績的知識，對自己有恨鐵不成鋼的感慨，經過努力學習之後，也曾經短暫擁有過某一部分的能力。

直到歷練過人生的不同階段，自己深刻品嘗過失敗與成功的滋味，並且看見眾生的繁華與滄桑，漸漸體認到：任何人在真實的人生裡，都很難一路順風，多少都會有起伏波折。

就算有少數幸運兒啣著金湯匙出生，自己也很努力，學業、家庭、感情、事業、婚姻都暢通無阻，還是要面對生老病死過程中的喜怒哀樂。內心若沒有可以依恃的憑藉，很容易在遭逢困厄時感到頓失所依，即使享有家財萬貫、富

深般若：指能夠超越眼耳鼻舌身意，直觀真理的絕對智慧，不但「自覺」還能「覺他」。

貴如雲，終究無法來去自如，在世間瀟灑走一回。

到這階段，我仍然非常敬佩身邊所有聰明的、具備才幹而且擁有成就的人，但更可以同理他們和一般人一樣也都有煩惱要超越，甚至需要超越的煩惱比一般人還多。

愈是成功的人，愈害怕失敗；得到愈多名利的人，愈恐懼哪一天會失去所有。

由此顯而易見的是，超越煩惱所需要的，絕對不是繼續爭取更高的考試成績、擁有更高的賺錢能力，也不是能夠成功經營事業、維繫幸福感情或婚姻那樣的聰明，而是更高、更大的智慧。

要超越煩惱，
必須擁有比獲致功成名就更高的智慧

人們常誤以為：此生擁有的聰明才幹，就是為了獲得更多物質從層面的功成名就。直到無論多麼志得意滿、或挫折失落，都還是會覺得內心空虛，這時才知道：原來是需要用更高的智慧，幫助自己從煩惱解脫。

佛法的智慧，和世俗的聰明不同。

《心經》中「行深般若波羅蜜多時」的「般若波羅蜜多」（梵文：Prajnaparamita）所指的就是可以讓人看破生死、解脫煩惱，抵達彼岸的大智慧。

「般若」指的是遠離生死煩惱的崇高智慧。「波羅蜜多」的意思是可以超越煩惱，到達彼岸。「行深般若波羅蜜多」，也可說是以大智慧超越生死煩惱，到達不生不滅的彼岸。

有些佛學研究前輩，認為「般若」的深淺之分，除了應用面的不同，還有更重要的差別，在於：「淺般若」是自覺；「深般若」是自覺、加上覺他。強調的是自我提升靈性的同時，也能助人得到慈悲的大智大慧。據此勉勵眾生勤勉修行，共赴可以超越生死煩惱的彼岸。

般若波羅蜜多：指可以讓人看破生死、解脫煩惱、抵達彼岸的大智慧。

用心光照見自己

即使在黑暗中，也能層次分明地看清這個世界。
曾經歷黑暗的人，只要重新得到一點微弱的光，就可以讓生命重獲光明。

我的書房照明，除了桌燈，還有天花板的四盞嵌燈。
有個晚上，其中的一盞嵌燈，忽明忽滅幾秒之後，就完全熄滅。
我知道是燈泡已屆使用期限，必須更換新的。但想到要去買燈泡、還要搬梯子，加上那段期間真的很忙碌，就有點偷懶，認為剩下三盞嵌燈，配合一座桌燈，這樣的照明度應該也足夠了，先撐著一段時間再說吧。

一個多月之後，另一盞嵌燈也壽終正寢，整個書房的照明度，只剩大約原來的三分之一。我竟還有點心存僥倖，想要讓它撐到第三盞燈泡用罄，再一次換新。

偏偏剩下的兩個燈泡，撐的時間比我想像中的還要久，三個月以後，才相繼壞掉。

在第三個燈泡壞掉之前，我還欠缺愛護視力的警覺性，以忙到沒時間買燈泡、搬梯子、換燈泡等種種藉口不停推延，完全無視於整間書房漸漸變得昏暗的事實。

直到某個夜裡，提早完成寫作的進度，我去河堤跑步。從晚上十點多、跑到十一點，回家走進書房，居然有大放光明的感覺。

起初還誤以為是燈泡死而復生，或哪個好心人自動幫我換上新的燈泡，抬頭仰望天花板，發現視覺變得明亮的書房，其實依然只剩兩盞嵌燈。

後來仔細想想才領悟，有可能是因為我連續夜跑一個小時，為了在黑暗中

照見：表面上的意思是觀察與體驗。或解釋為：直接看到，也就是「直觀」。

看清景物，眼睛瞳孔會自動調整，剛回到家後打開書房的燈，它還沒有來得及反應過來，所以會覺得原本昏暗的書房，頓時變得特別明亮。

還有另一個可能的原因是，慢跑這種有氧運動，可以讓人全身放鬆，連視神經都跟著舒緩，回到書房時才有大放光明的感覺。

這時我才體悟到：

我們對光亮程度的反應與判斷，是受到許多複雜因素的影響，不只是幾顆燈泡的問題，而是整合自己身心靈的條件，對於當下所處環境的投射。

由此可證，用來論斷別人或事情的眼光，一定也會在主客觀交錯的影響下，有了程度與層次不同的觀察結果，也因此必須要更加謹慎，不能妄下定論。有時候換了角度、換了空間、換了立場，見解就完全不同；能夠當下快速判斷，固然是個優勢，但若可以保留補充與校正的餘地，看法會更周延。

願意用心光照見自己，才是永遠不滅的希望

《心經》「照見五蘊皆空」句中的「照見」，直接解釋的意思，就是看見、洞察。在佛學中，「照見」還有「直觀」的意思，就是不必透過任何媒介的狀態下，看見存在於宇宙的真理。

以一般的生活經驗，都以為唯有在很亮的地方，或藉由足夠的光線，才能看見、洞察。自從我有過夜跑後發現昏暗書房變明亮的經驗，就有了不同的想法：即使在黑暗中，也能層次分明地

照見：深入的含意是徹底的明心見性，完全看清楚心性。

看清這個世界。曾經歷黑暗的人，只要重新得到一點微弱的光，就可以讓生命重獲光明。

這十幾年來，因為主持公益活動的機緣，讓我有機會和幾位視障音樂家結為好友。

其中鋼琴家黃裕翔，曾經主演過電影《逆光飛翔》，很多人對他留下深刻印象。就以他的例子來說吧，他的視力幾乎是全盲，但不僅能生活自理，經常獨自搭高鐵往返各地，還能創作並演奏許多動人的音樂曲目。

電影《刻在你心底的名字》熱映期間，我們正巧在校園巡迴表演，他彈奏電影主題曲〈刻在我心底的名字〉時，全場的高中生反應熱烈到幾乎掀掉體育館的屋頂。

那正是他生命熱情的具體表現，也是他用音樂振奮每一顆青春飛揚的心。

我私下也有機會跟他和他的家人連繫，幾次近身觀察，發現他就是這麼樂

觀、謙虛，表裡如一。那張發自內心的笑容，真的像是永遠不會下山的陽光，不但可以支持他拿著手杖，走遍世界各地，也鼓舞了身邊所有需要正向思考的朋友，走出生命的黑暗。

無論身處多麼黯淡的境遇，要能夠讓自己的心，保留在光亮的地方；只要願意用心光照見自己，就會保有永遠不滅的希望。

或許，周遭的環境變化萬千，有時也會被黑暗籠罩，但不要心生恐懼。有了黑暗的對比，才能讓我們知道光明的意義。

而真正的「照見」，並不需要憑藉任何媒介，即使身處最深的黑暗中，也能明辨真理，看見愛的實相。

五蘊：
梵文為pancaskandha。

心靈的斷捨離

我們要丟掉捨棄的，不只是最珍貴的獎狀、旅行紀念品、愛情信物……還有對別人、和對自己的主觀看法，必須跳脫於形貌、異見、既往經驗等。

最近幾年，很流行「斷、捨、離」的觀念，主要應用於居住空間的打掃與清理。不同書籍的作者對自己力行「斷、捨、離」的做法與成果，提出令人羨慕與讚嘆的主張。

尤其看到書上「出清前」和「出清後」對照的畫面，都會心嚮往之，產生

「哇，好厲害，我也想要這樣！」的念頭。

若按照書上分享的步驟及方法，確實有可能把居住環境清理得乾乾淨淨，整幢房子就像建商為促銷房地產而刻意打造的「樣品屋」那樣，除了簡單必須的家具，完全別無長物。

而清理居家環境的成功關鍵，並不在於執行的技巧，而是「願意割捨」的心態，斬斷人與物品之間有形的連結，甚至把最珍貴的獎狀、旅行紀念品、愛情信物……斷然捨棄，乾乾淨淨的空間於是出現眼前。

有沒有想過，這時候的你，心靈上是空虛的、還是滿足的？

這是佛學的奧義所在。眼前最徹底的「空無」，可能是心靈最完整的「圓滿」。

如果能夠做到這一點，我們所要丟掉捨棄的，就不會只是最珍貴的獎狀、旅行紀念品、愛情信物……還有我們對別人、和對自己主觀看法，必須跳脫於形貌限制、歧視異見、既往經驗等，將它們全部都捨棄，才能重拾初心，找回最純然的本性。

五蘊：蘊，是聚集的意思。五蘊又稱為「五陰」，是說：人是由色、受、想、行、識，五種元素組合而成。

所有的人事物，都是因緣聚合而生

講到「空」這個概念，與我同輩的朋友，可能會因小時候受到電視連續劇的影響，很自然地接著聯想到：「酒色財氣，四大皆空！」這八個字。

酒喝太多，容易誤事。這個觀念，自古有之。但最近這幾年，因為酒駕事件頻繁，危害社會大眾安全，奪走許多無辜的生命，所以要特別再次提醒：「喝酒不開車，開車不喝酒。」

淺酌，怡情；過量，傷身。有些朋友心情不好，沒有正確的紓壓方式，一旦走上「借酒澆愁」的老路，就會得到「愁更愁」的結果。喝酒過量，只會「茫」，不會「空」。

再講到「色」，一般民眾常聯想到的，就是「美色」或是「性欲」，所以也有一句警語：「色字頭上一把刀。」以此作為修身的戒律，有正向的意義。此外，在公共衛生領域，也很值得警惕。新冠肺炎流行期間，韓國有許多年輕朋友在酒吧染疫，台灣也有尋芳客在歡場被病毒侵襲。

其他像是「財」「氣」，就如字面的意義，勉勵世人對財富、情緒要懂得適時有所節制。

但是，現代人對於淨化心靈所需的斷捨離，並非只有「酒色財氣」而已。況且，古籍上的四大皆空，並不是「酒色財氣」，而是「地水火風」四大物質要素。

晉代慧遠《明報應論》提到「四大」之說：「夫四大之體，即地、水、火、風耳，結而成身，以為神宅。」這裡的「四大」，是指：地、水、火、風等四大物質，構成人的身體，也就是要給人的元神，當作居宅。

佛學講的「四大皆空」，簡要的解釋就是說，這四大元素，並不是真我。

每個人終會走到必須捨下肉身的那一天，唯有認清這個事實，願意放下執念，才能讓靈魂繼續生生世世輪迴的旅程。

色：所有人事物以及它的外貌。受：透過生理功能覺察到的感受。

《心經》提到的「五蘊皆空」，講的就是：放下對「色」、「受」、「想」、「行」、「識」五種要素的執著。

「五蘊」指的是形成人的五種聚集。「色」是物質條件，包括：地（骨骼）、水（體液）、風（氣）、火（溫熱）；其他「受」、「想」、「行」、「識」則是內在精神。「受」是：生理的感受；「想」是：心思的概念；「行」是：信念產生的行為；「識」是：對人事的判斷。

「色」、「受」、「想」、「行」、「識」五蘊，既是形成人的五個基本元素，卻也因為長期積累而成為不容易覺察、也很難改的習氣。

因此我們在遇到處世的障礙時，看不到自己的問題，反而很主觀地認為都是別人的問題。所以，若要學習洞察人生的哲理，必須先放下對「色」、「受」、「想」、「行」、「識」的執念。

不要輕易地批評自己、論斷別人。不要被感官所覺察到的結果扭曲你內在的自性，把這些不該有的、不屬於的，都清除掉。

所有的人事物，都是因緣聚合而生。換個時空，不同組合，就會有不同的結果。好人、壞人，可能都是同一個人。要看你遇見他的時候，彼此是否有利益衝突。花開、花落，並非不存在，而是幻化無常的發生，唯有放下對形式的執著，就會知道：青春和衰老，都很美麗；牽手和放手，都是幸福。

達到或成為空無，就等於擁有一切。

想：概括性的想法，並因此有所愛惡。行：行為、行動、作為。識：辨識、論斷、認知。

從此岸到彼岸

彼岸，不一定是眼前的對岸，有更多時候是在心底的另一個方向，甚至就是出發的同一個地方，所有的挫折只是要我們學習：回頭是岸。

據說《心經》在梵文的其他幾個版本中，多數並沒有「度一切苦厄」這句經文。之所以出現在玄奘的譯本，可能是他得到的體會，藉此見證。但另有一個說法，比玄奘譯本早了兩百年的鳩摩羅什的譯本，有「度一切苦厄」這句話，有可能玄奘考據周延，在中文的譯本中特別加以補齊。

無論是哪個說法，「度一切苦厄」這句話突顯了眾生修身的目的，除了幫助自己脫離憂愁痛楚，也能幫助別人從苦海中上岸。既是利己；也是利他。

比對古今中外，對於所謂修身或靈性學習的主張，即使是不同的學派，不同的宗教信仰之間，還是存在很多不謀而合的共同知見。都是教人如何引導自己透過覺察而領悟生命的意義，看穿恐懼與痛苦的形式，找回愛的本質。

我們總要先經歷過「不是的」，才會明白什麼為「是的」！經歷過「苦」，才懂得什麼是「樂」。經歷過「業力」，才知道「因果」！經歷過「恐懼」，才發現「愛」。

在我學習的經驗中，其實沒有把「度一切苦厄」，當作修身最後的目的，並非擔心落入太過於「功利」化的思考，而是鍛鍊自己能夠順服於生命的所有遭遇，在第一時間接納所有的挫折，無須等到打開佈滿荊棘的蝴蝶結，才看到裡面盛裝著的是上天的禮物。

我想強調的是：寧願把修身的重點，放在前面「照見五蘊皆空」的過程，而不是汲汲營營於「度一切苦厄」的結果。否則，很容易犯下本末倒置的錯誤。

面對困境時，可以有各種正向的態度

《心經》中「度一切苦厄」的「度」字，一般字義解釋，當然就是「度過」的意思。但是，我更擴充它的意義，豐富為：陪伴、經歷、超越、轉化。因此而對應出我們面對困境時，可以有各種正向態度。

- 陪伴：陪伴自己或別人，在風雨中生信心，堅定地維持內在的平靜。
- 經歷：認真體驗當下的過程，而不只是把眼光放在未來的結果。
- 超越：人生很多難關或如苦海，我們要像熟知水性的泳者，讓身體與心智，永遠凌駕於水面之上。勇敢地乘風破浪，向前邁進。

● 轉化：也就是轉念。或許痛苦不會消失，但我們可以不被這個痛苦所干擾，與它和平共處。

「度」，常被用來描述生命中，必須經過的困頓時光

台灣知名的餐飲店「度小月」，起源於府城台南，以「擔仔麵」最著稱。別看小小的一碗麵，裡面有層次非常豐富的美味，其中還有很令人同理與尊敬的典故。

據說這家店的創始人洪氏芋頭公，以捕魚維生。清朝光緒年間，在福建漳州時，他曾向老鄉學習煮麵。移民來台後，雖然繼承捕魚的祖業，但夏秋多颱風，無法出海捕魚時，他就挑起擔子去廟口賣麵，以維持家計。既是因為捕魚淡季，而必須靠賣「擔仔麵」撐著度過小月，因此稱為「度小月」。

而今，「度小月」的事業版圖早已跨出台南，除了在其他縣市有分店，也

苦：痛苦，生死苦果。
厄：困難，煩惱苦因。

有肉燥等罐頭食品遍及海內外。

當年創業時的起心動念，本來可能是希望不被淡季所困，而另謀新的出路，卻因此逐漸發展成可以帶給別人美味享受的經典品牌。這種「度」的過程，很漫長、很不容易、也很幸福。

每個人在努力的過程中，一定都有很艱苦的承擔，但就是這樣一路「關關難過關關過」，堅持打拚下去，而鍛鍊出自己內在更堅韌的智慧與勇氣。

在新冠肺炎的疫情衝擊下，有些原本生意很好的口碑老店或時尚新店，都難以倖免，但它曾經留在消費者心中的美好印象，仍是令人再三回味。

我發現「度」這個字，常被用來描述生命中必須經過的困頓時光。例如：「度日如年」、「度過難關」等。

當然，很多開心的時候，我們也是和親友歡「度」，但可能就是太歡喜愉悅了，常常感覺那段美好的時光，短暫到不需要「度」，它瞬間就過了。

有時候，「度」會用於比較浪漫或虛擬的描述，但同樣會是很深刻的。未必是具體的時光、或明確的路程，而是意味深長的抽象位置。例如，當我還是很年輕的大學生時，曾傷春悲秋地以文字抒懷，說每一段感情，都是擺渡的過程。我們陪著心愛的人、或失戀的自己，度到人生的另一個階段。

「度」，的確是有從「此岸」到「彼岸」的意思。這裡的「岸」，常常不是真正的地理形勢，而是描述心靈上渴望到達的遠方。

因此，我們要更圓融通達地明白：彼岸，不一定是眼前的對岸，有更多時候是在心底的另一個方向，甚至就是出發的同一個地方。此岸，即彼岸。

然而，所有的挫折，有時候只是要我們學習：回頭是岸。找到生命的初衷，從世俗不完美的遭遇中，看見靈性完美的自己。

八苦：生、老、病、死、愛別離苦、怨憎會苦、求不得苦、五陰盛苦（即為五蘊所苦）。

PART 2

真的；或許也是假的？

理性思辨；感性包容。
仍不免落入是非對錯的疑惑。
世間所有會令人著迷銷魂的，
通常也都會帶來傷害至深。
唯有看清：愛，是一切的本質，
才不會被恐懼和誘惑所掩沒。

舍利子

學習成為生命的智者

即使有幸受教於智者門下，未必要立刻照單全收，而是邊學邊看，透過思考及整理，理解及消化，選擇適當的內容，彙整成為自己的想法。

在靈性學習的道路上，遇到一位好的導師，既是引路、也是點燈。但就像是世界上所有「對的人」，總是可遇不可求。

《瑜伽與愛的真相》書中闡述印度史詩經典之作《博伽梵歌》的內容，提到戰士阿周那，在面臨該不該出征的困境時，求教於好友奎師納，他既是戰車御者，也是老師。奎師納並不給出標準答案，而是引導阿周那，遵從內心深處的道法去做決定。以戰士的職責來說，出征只是本分，戰勝更是績效。但阿周那卻不樂見殺戮的血腥與傷亡。

而奎師納比阿周那看得更遠的觀點是：死亡，並不是同情悲憫的終點。能夠超越死亡，才是徹底認知生命輪迴無盡的本質。如果只是因為疼惜傷亡而畏戰，似乎距離真正的覺悟還很遙遠。

短短的一個章節，描述阿周那內心的衝突與糾結，藉由奎師納這位良師益友引導的思辨過程，領悟因緣起滅的意義，與隨順臣服的重要。

以智者為師！從學習的觀點來說，這是好事。但真正的智者，鮮少好為人師，他們只會在緣分來到眼前的時刻，才順勢而為地循循善誘。甚至，以刻意的緘默，讓困惑的學生自己尋找出路。

究竟，誰是值得學習的智者呢？有些人腹中只有半瓶水，卻好為人師，這其實並不是最壞的狀況，因為只要意圖良善，彼此都有機會教學相長。比較值得討論的是，有一種人很霸道地堅持他的主張一定是對的；另一種人學富五

舍利子：也作「舍利弗」，佛陀十大弟子之一。

車，卻極盡所能藏私，深怕分享出去之後，別人的見解或能力會勝過他。

然而，這些類型的老師，就不是好老師嗎？

除了正規的教育課程，我在其他方面的學習經驗，大多是自學自修，有些項目的確曾去拜師，上過幾堂課之後，找到入門的途徑，接下來就靠自己學習，如果有不懂的地方，再配合閱讀或請教專家。在這些過程中，我有幸遇見各種類型的老師，剛開始也會對老師有主觀的印象，後來發現：

每位老師都有他的優點，也可能有部分的限制。身為學生的我們，不宜太快主觀評論老師；而是要試著打開心胸，以沒有任何價值判斷的立場去向他們學習。

但是，我也會提醒自己：即使有幸受教於智者門下，也未必要立刻照單全收，而是邊學邊看，透過思考及整理，理解及消化，選擇適當的內容，彙整成為自己的想法。

尤其在靈性學習的路上，很常碰到號稱有神力的老師，半真半假，不可盡信。偏偏這個領域，沒有學歷、證照的標準，讓有心人士刻意裝神弄鬼，偽裝成為上師，騙財騙色，或發展自己的組織，卻不是真的為大眾利益精進，而是求得私欲的滿足。因此，要特別謹慎小心。

懇請生命導師指點迷津，但不要過度依賴標準答案

即便如此，我還是認為：生命中可以遇見良師，是非常幸運的事。只是不要輕易相信太過離奇的說法，也不要過度依賴對方給你的人生解答。這樣才有機會因為他的指導，而得到成長。

如果你想到的是：因為他的加持，而趨吉避凶！這個求學的心態本身就有問題，更別怪對方不能讓你如願以償。

真正好的老師，會指引你一個學習方向，透過懺悔與感恩，認識自己、與

舍利子號稱「智慧第一」，是當時比丘們的模範與良師。

別人連結；而不是一味的假借名義叫你繳錢購買法器，或藉由金錢的捐獻替你過去所有的錯誤或罪過贖身。基本上，一個會說你有罪的上師，他的心就已經不夠慈悲了。如果還要你花錢消災，甚至傷害自己或與家人的關係，很可能是他的法力無「編」——騙人還沒打草稿。

如果有機會相遇，好老師和好學生，就像伯樂與千里馬，賞識對方，發展潛能，可以教學相長、相得益彰。

從自己追隨生命的智者，到成為別人生命的智者

佛經中經常出現的舍利子，相傳是佛陀最偉大的弟子之一。因為舍利子的智慧空性過人，才成為佛陀講解《心經》時主要問答的對象。

我讀過很多佛教故事，對於舍利子拜佛陀為師的過程，有不同的版本。但共通之處就是，舍利子原本很有自己的想法與見解，也有一群追隨他的門生。

但因體悟到「諸法因緣生；諸法因緣滅」，當下決定改學佛法。他不但經常扮演與佛陀對話的角色，也會在適當的場合，代替佛陀說法，給比丘指導。

從自己追隨生命的智者，到成為別人生命的智者，這是成長歷程中，很幸運的精進。即使像我這樣已經進入中年，累積演講及授課已經超過數千場，我依然樂於學習，常報名參加可以幫助自己、或幫助別人成長的課程。我漸漸明白：「當自己準備好，老師就出現。」這句話的意義。拜師學藝更高的境界，不只是要我們打開智慧之門，而是要彼此看見慈悲的心。

等待老師出現的期間，不能一味地被動等待解答，而是要自己抱著求知若渴的精神持續精進。只要能夠以謙虛的態度，積極的學習成長，一定有機會與恩師相遇。真正的人生導師，是能夠引領你走向全然的開放，不只是教導規矩而已，還會協助你徹底釋放內在的自由。

就像前面提到《博伽梵歌》裡的戰士阿周那，與他的良師益友奎師納，彼此互動問答過程中，帶給讀者的智慧火花。所有超越問題本身的解答，都是因為讓困惑中的人領悟愛的真諦，而顯得如此意味深長。

真誠面對自己的虛實

我們總要經過很多人生閱歷，完整消化吸收，才漸漸了解所有的皺紋都有意義。有些皺紋代表智慧；有些皺紋代表滄桑；有些皺紋代表苦難……

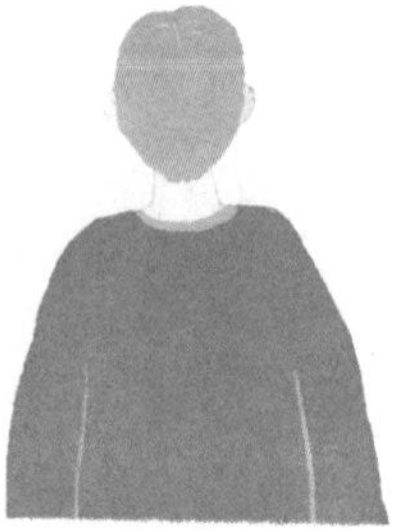

假日清晨慢跑回家，在路上早餐店門口碰到社區的鄰居，她是一位二十六歲的大女生，剛畢業兩年，在外商公司擔任業務，個性活潑外向，對人體貼，而且很有禮貌。令我費解的是，這個早上，我們相遇街頭，她竟不理我。剛開始她假裝沒有看見我，直到我主動打招呼，她才勉強點了頭。

擦肩而過之後，我並沒有多想。任何人都有心情不好或忙碌到不想理會別人的時候，在不知道詳情的情況下，與其替她擔心，不如給她祝福。

這是成熟之後的我，才漸漸建立的自信與同理。年少時的我，如果碰到這樣的狀況，很可能會反躬自省，頻頻追想：「我是哪裡得罪她了？」瞎猜半天，不但無助關係的改善，還困擾自己很久。倘若找不到自己做錯什麼事情，就反過頭來猜測對方哪裡不對勁？再想不到原因，就開始罵對方陰陽怪氣！

展現自己最真實的一面，需要「完全接納」的智慧

就當我想到自己內在的轉變而莞爾一笑時，她竟從後面追上我，手裡還提著早餐店的三明治和奶茶，氣喘吁吁地對我說：「吳大哥，對不起！我覺得自己剛剛很沒禮貌，要跟你道歉。其實是因為我沒化妝，素顏碰到你，有點手足無措，才會不好意思跟你打招呼。」

色：事物外表的形象。長相輪廓、衣著顏色、五官表情、肢體動作等有形的外貌。

經過這一番解釋，我回到她的立場，頓時也就明白對方的顧慮，體會她對素顏的在意。其實觀察力向來敏銳的我，當然有留意到她的素顏。只是在我眼中，素顏的她膚質很好，五官很美，跟化好妝的她相較之下，雖然有不同的感覺，但並沒有美醜的差異。

參加正式晚宴，必須盛裝；居家生活，可以輕便隨興。依照場合不同打扮自己，我覺得非常合宜恰當啊。更何況自然的素顏，完全無損於她的美麗。

若是一個熟齡的中年婦女，很在意自己帶妝和素顏的差別，我們可能比較容易理解她對於自己容貌美醜的判斷，認為必須化妝遮瑕、掩蓋皺紋，才能展現自信；但眼前的這位鄰居，是個不到三十歲的大女生，青春並未遠離她的臉龐，而她卻會對自己的素顏感到不安，這就讓我滿心疼的。

我還曾聽有些熟女朋友說，她沒化妝就不敢出門。當下我很好奇，她不願面對的是自己、還是別人？

對於有點年紀的熟女，幾乎很難說服她去欣賞容貌衰老的美麗。即使像我這樣的中年男子，也不容易百分之百坦然接受，所有的皺紋都美麗。

我們總要經過很多人生閱歷，完整消化吸收，才漸漸了解所有的皺紋都有意義。有些皺紋代表智慧；有些皺紋代表滄桑；有些皺紋代表苦難……

所有皺紋，都有它美麗的意義。青春於容顏消失，智慧由內在升起。

只不過，往往當我們漸漸明白這個道理時，皺紋也悄悄爬上眼角額頭，對鏡中的自己訴說著屬於它的意義，而此刻已經無關乎別人是否了解、能否同理。鏡花、水月，都是最真的自己。轉眼一瞬，不再癡迷。

《心經》裡的「色不異空；空不異色」，除了指出表相與內在的虛實，提醒萬事萬物都有一體兩面的呈現，也是要我們不要執著於美麗的外觀，因為肉身與物質，都不會永恆存在，它處於不斷幻化改變的狀態，也在逐步走向衰亡。可以珍惜當下，但別妄想留住它。否則，這些執著與妄念，就會產生無盡的煩惱與痛苦。

空：一切事物的本質，都是短暫的、不真實的、不穩定恆常地存在，彼此相對依存、因緣和合才發生。

花開花落都成空

只要能做好「因緣性空」的心理準備，就不會執著於外貌，憑當下片面的印象，就給予好或壞的價值判斷，甚至產生貪婪或恐懼的心念。

我們常把「美」與「醜」、「外表」與「內在」，看做成「二元對立」的比較組，於是出現「色衰」與「愛弛」、「胸大」與「無腦」的因果關係。接著對「不愛的人」發「好人卡」，然後被心中自以為所愛的人，用壞的態度對待及折磨，竟還誤以為這就是愛的本質。

《心經》中，「色不異空，空不異色，色即是空，空即是色，受想行識，亦復如是。」這段文義，短短二十四個字，講的就是大部分人這一生都很容易執迷，而且無法參透的道理。

「色」與「空」之所以沒有差別，是因為一切都因緣相生。

在佛法中的「空」，並非完全沒有、不存在；而是因為所有的形貌，都在不斷改變，不會恆久存在。只要能理解「因緣性空」的道理，就不會過度執著於外貌，被人或事物的表象，牽著鼻子走，憑當下一時片面的印象，就給予好或壞的價值判斷，甚至產生貪婪或恐懼的心念。

「花開」與「花落」只是生命型態表現的改變，如同「種子」與「大樹」，雖然形貌差異甚大，但都只是依緣而生，就生命的本質來說，兩者其實是一樣的。

眼見「花開」與「花落」，心生傷春悲秋的感觸，這固然可以是當下很自然由衷升起的浪漫情懷，但不要繼續再沉溺於其中，一旦抓著情緒不放，就是過度了，也執著了。必須要提醒自己，認清楚生命的本質，並了解「色」與

「空」都是依緣而生，只要接納臣服，就不會耗損不必要的心力，阻擋生命該有的行進。

所以，延續這個教導的推理，我們可以得到以下的啟發：

不要因為形貌的差異，就輕易地忽視種子的力量，也不要過度仰賴大樹的倚靠。正如「美」與「醜」，只不過是我們對外貌變化的相對定義，並不是真正的實相。不要被美麗的事物誘惑，也不要歧視醜陋的外觀。

見有，不貪愛；

見空，不恐懼

法鼓山的聖嚴法師在講解《心經》時，提到很關鍵的概念，他說：

「色不異空」是說，一切物質現象，皆不離「成」、「住」、「壞」、

「空」的「四態」；肉身的生命，不離「生」、「老」、「病」、「死」的「四苦」。臨時「有」，而終歸「空」。從「空」而「有」，還原為「空」。「現象」雖「有」，而「自性」是「空」。

聖嚴法師針對「色不異空，空不異色，色即是空，空即是色。」給大眾的開示為：「一切物質現象，雖然自性皆空，但不妨礙因緣而有。」

以上這些教導，讓我更用心體會生命的臣服與接納，而不是執著於某個形式。

其中影響我最深的提醒是：「見有，不貪愛；見空，不恐懼。」意思是：擁有的時候，不要執迷於這份滿足的感覺；有一天若失去它，也可以因為不感到頓失所依而害怕恐懼。

就以我的經驗來說吧！我經常到各地演講，或是透過網路舉辦線上論壇，無論是實體的場地、或虛擬的空間，只要觀眾或學員高堂滿座，就會讓負責主講的我，感受到熱烈的氣氛而開心，但卻不能因此執迷留戀，否則將來若碰到人數不多的場合，豈不就會失落沮喪，提不起勁來。

而且就算再熱絡的人潮，也會有曲終人散的時刻，當觀眾退場後，看到空空蕩蕩的現場，不能因為留不住美好時光，就感到悲傷遺憾，而是要為下一次的演出繼續勇敢。

記取「見有，不貪愛；見空，不恐懼。」這十個字，讓我無論碰到美或醜、青春或衰老的當下，都能把這些每一次的經歷，當作是心靈最好的鍛鍊。

再將「見有，不貪愛；見空，不恐懼。」的學習，應用在我們對生死的看法，願意接受死亡的必然，甚至是從出生的那一天，就開始往這個方向走去。當死亡與時間都消失的那一刻，就不再感到害怕恐懼。把自己鍛鍊到這個程度，涅槃和輪迴已經沒有差別。

即是：這裡的「是」，為「此」的意思。比較接近英文的the或this。

從是非對錯中抽離

漂亮的花朵，綻放的期間常是短暫的。鮮艷的昆蟲，釋放的毒性往往是很強的。唯有從是非對錯、美醜好壞的判斷中抽離，才能看清最真的實相。

根據佛學研究資料的記載，現在流通最廣的《心經》（原名：《般若波羅蜜多心經》）被歸納為「略本」。在西元七世紀（六四九年）玄奘大師翻譯的《大般若波羅蜜多經》（簡稱《大般若經》），其中的〈學觀品〉這個章節中，就有幾乎相同的經文。

再往前追蹤到西元五世紀（四〇二～四一二年）鳩摩羅什翻譯的《摩訶般若波羅蜜大明咒經》，可以說是現存最早的版本。可見，中國人讀誦《心經》的時間，最遲不會晚過於西元五世紀，是流傳非常悠久、影響力很大的作品。《心經》中的「色不異空，空不異色，色即是空，空即是色，受想行識，亦復如是。」十分經典，幾乎大部分的人都耳熟能詳。但是，要真正讀懂，並且徹底了悟，並不容易。

這段經文談到人類透過知覺感官，對身邊周遭所有的事物，開始學習「二元對立」的辨識，並勉勵眾生不要被這些感官所接收到的片面訊息誤導，而是要回到內心世界；破除「二元對立」的虛幻，不再徘徊或執迷於「一體兩面」的任何一個固定的形式，而是真正體認生命的本質。

相對於西方靈性學習領域中幾位非常具代表性權威導師的作品，《心經》在那樣的時代背景所提出的理念，可以說是相當先進的。

我在之前出版的作品《今天，你給自己打幾分？》（時報出版）中，提到心理學大師榮格（一八七五～一九六一年）說過類似的話：「當你往內探索自我，視野將會變得清澈明淨。向外看，只是夢幻；向內看，才會覺醒。」

還有另一位被推崇為當代最有影響力的心靈大師艾克哈特．托勒（一九四八～）更極力倡導內在心靈的覺察，多本著作都鼓勵讀者活在當下。

人的煩惱常來自於對幻相的執著

印度大師奧修（一九三〇～一九九〇年）對於《心經》的解讀，有十分獨到的見解，但也不脫「虛空」就是「圓滿」的真諦。

他更再三強調，人的煩惱常來自於對幻相的執著，只有靜心，才能開悟。奧修認為所謂「二元對立」世界的兩種極端，其實並不是完全黑白分明，老死不相往來，而是相生相伴、相依相容，陰與陽、男與女、晝與黑、天與地。

依循著奧修所教導的思考方向，對照《心經》的內容，你會發現身體感官的最終目的，並不是在於分辨「二元對立」有哪些不同。甚至是恰好相反的，我們總要透過很多生命的苦難與挫敗，才能慢慢脫離「二元對立」的經驗，看出它們隨著因緣而變化，才學會以下的真理：

生與死、愛與恨、花與果、苦與樂……其實都是兩面一體的。唯有具備這個洞見，煩惱才會消失。

《心經》可以說是不厭其煩地從「色不異空，空不異色，色即是空，空即是色，受想行識，亦復如是。」不斷重複地提醒，到「是諸法空相，不生不滅，不垢不淨，不增不減。是故空中無色，無受想行識，無眼耳鼻舌身意，無色聲香味觸法……」反覆講的都是這個道理，要我們破除主觀的覺知，知道那些看起來相互對立或關聯的存在，其實都只是短暫的，終有一天那些連結會改變或消失，此刻的解讀與判斷，將隨之灰飛煙滅。

更何況，基於生物保護的本能，形態漂亮的花朵，綻放的期間常常是短暫的。外表鮮艷的昆蟲，釋放的毒性往往是很強的。唯有從是非對錯、美醜好壞的判斷中抽離，才能看清最真的實相。

受想行識，亦復如是：當身形外貌的幻相消失，心理層面的感受、想法、行為、認知，也就不存在也不實在了。

但是，佛法是積極的，並非消極的。佛法鼓勵積極地作為，而不是消極地逃避。佛法，不是要人們看空一切，然後不必努力，反而是要人們在這個過程中，積極鍛鍊，並提升靈魂的層次。

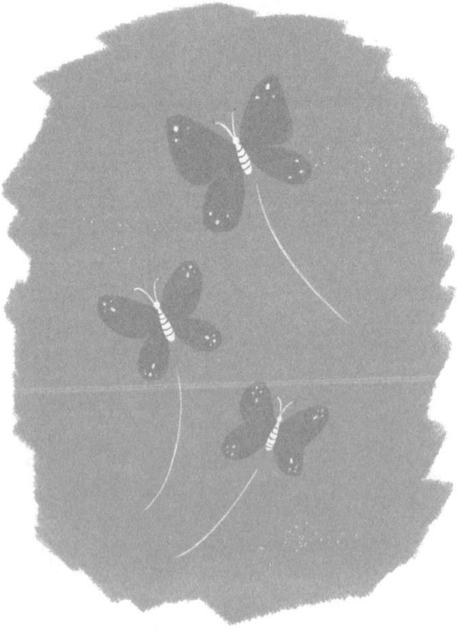

佛法鼓勵積極地作為，而不是消極地逃避

消極的人會問：孩童入學，經過考試的過程，考試會結束，甚至不久之後就會從學校畢業。既然從入學到畢業，最後離開學校，所有的師生關係、分數成績……都會告一段落，如果終必成空，那何必要付出努力？

積極的人想法就不一樣：既然入學，進了寶山就不能空手而歸。師生相處、考試成績，或好或壞，都是學習精進的機會與紀錄。我愈努力就愈有智慧，不必重修。

以上的比喻，就像是佛教觀念裡的人生與輪迴。

若跳離宗教的界線，以哲學的角度來看自己，無論相不相信、有或沒有前世與來生，當下的努力，就是更接近自己、獲得智慧的最好選擇。

舍利子，是諸法空相

隨緣幻化不執著

所有的人事物，都沒有固定不變的樣態。所有的關係，都是相對發生時才存在，不要執著於固定的形式。人們向外萬般追求，常只是虛幻的想像，而不是實相。

有智慧的人，不會執著於事物的表象，不會迷亂於短暫的相對關係。如果有人對他無禮冒犯，不會直接怒目相瞋，而是回來探問自己，為什麼會被激怒的原因？對方的行為失態，觸及到自己內在的哪一個弱點？在這個過程中學習理解，然後放下。

碰到逆境如此，遭遇順境亦然。無論外界的順逆，都不會影響到自己的自在；甚至也願意成全，讓對方自在，這就是更高層次的「大自在」。

能夠做到這種地步，確實很不簡單！最重要的關鍵概念，是必須看透這世間的一切，都是因緣和合而生，當因散緣盡時，喜怒哀樂轉眼成空。

所有的現象，都是短暫的狀態。但是，對不全然了解這種狀態的人來說，它也很可能是一種陷阱。因為世間所有的狀態，都是流動的，並非不變的。佛教講的「無常」，最深的奧義，不是什麼都沒有，而是說所有的人事物，都沒有固定不變的樣態。所有的關係，都是相對發生時才存在，不要執著於固定的形式。人們向外萬般追求，常只是虛幻的想像，而不是實相。

能夠臣服與放下，才是真正的自在

之前提到榮格說的那句話：「向外看，都是夢幻；向內看，才會覺醒。」

一切的覺察，雖然很可能從感官開始，卻不能只是透過感官，或被感官接收到的結果侷限。因為萬事萬物的形狀、姿態、氣息、味道、聲響、意念，都是變化多端，最終能讓你一直感覺存在的，其實是閉上眼睛，靠心去覺察。當你能夠領悟到：萬事萬物，都在隨緣幻化，終必成空，才會是永遠的自在。

這個道理，說得容易；能夠一次體會清楚，完全看懂的人，並不多。我很喜歡奧修大師所用的說法。

他說：晨間的綠葉上，有一顆晶瑩剔透的露珠。它漸漸往下滑，落到土地，最後流進海底。它並非不存在，而是你找不到它。並不是因為它不存在，而是它在每一個地方。你無法辨識它的位置，因為整個海洋，都是它的位置所在。

我讀過很多經典，解釋虛幻或無常。相較之下，奧修大師這段露珠的比喻，我覺得是很淺顯易懂的。

所以，我們要追求自在，卻不能執著於自在的表象。最高境界的自在，就是徹底地隨順因緣。面對每個當下，能夠及時臣服，隨即放下，才是真正的自在。

幾天前，有個剛失戀的女孩，傷心地跟我說，那個男孩走了，她的心碎了，整個人都被掏空，過去兩人之間所有的愛都已經滅絕。

我要她再一次確定：「妳剛剛說的愛，是真愛嗎？」

她瞬間很肯定地不斷點頭，幾秒鐘之後，又疑惑地看著我，然後像是想通了什麼似的，緩緩地搖搖頭，然後似懂非懂地，又點點頭。

我們都很容易在激情的熱戀中迷失，尤其是當所愛的人心意或行為有所改變的時候。但是，如果那段曾經深刻的感情是所謂的真愛，就不會因為後來兩個人相對應的關係改變而消失。

諸法空相：
世間所有一切存在現象，都是短暫的、不實在的。

真愛，從未滅絕，只是轉化形式，繼續它的旅途

感情生變時，對方可以改變心意，也可以離開，但曾經有過的愛，如同晨間綠葉上那顆晶瑩剔透的露珠，它只是漸漸往下滑，落到土地，流進海底。它並沒有消失，而是轉換成另一種樣貌，繼續它的旅途。

只要是真愛，它就從未滅絕，而是化成另一種形式，在宇宙之間流動。你不必刻意去尋找它，只要相信，它就存在。

或許，有一天，它會再度轉換成另一種形式，出現在你的眼前。或者，它早已停駐你的心中，化為更高深的大愛能量，將來會再透過另一種形式，付出給另一個人、或是施予眾生。

隨緣，自在。能夠接受眼前的存在，也可以接受它消失於無形。《心經》

經文中的「是諸法空相」，其中「是」字是「此」的意思。「諸法」包括內在、外在的一切，泛指宇宙中一切的現象。「空相」是說「自性皆空」。藉此勸勉眾生，不要執著。

「舍利子，是諸法空相。」這句經文，在《心經》這部字數很短的經典中，有很特別的位置。在它之前的「舍利子，色不異空，空不異色，色即是空，空即是色。受想行識，亦復如是。」這段文字的重點，著重的是鍛鍊個人修身的人生觀；而後面的「不生不滅，不垢不淨，不增不減。是故空中無色，無受想行識，無眼耳鼻舌身意，無色聲香味觸法，無眼界，乃至無意識界。」則是引導眾生去了解，古往今來、天地上下的宇宙觀。

從自性的空無，到宇宙的空無，也就是從感情到肉身、從財富到名利、從生死到解脫，都無須強留戀棧。

空相：
是指空性，也就是性空，本性是空的。空，就是「不斷變化」、「不恆常存在」的意思。

不生不滅，不垢不淨，
不增不減

從未真正失去

徹底去除執念，外在環境的變動，不會投射在鏡中，
因為沒有感情主觀的好惡，恐懼和煩惱，就自然會消失。

喜歡與厭惡，雖然是兩種截然不同的情緒反應，但如果從「執念」的角度來看，卻都是一樣地不可動搖，而且難以化解啊。

幾年前我搬家，因為工作實在太忙，舊居還有些雜物尚待清理。我每個星期都會抽空去整理物品，某一天，在靠近廚房門口地上的角落，

看到一隻大型蟑螂的屍體。

即使因為周星馳電影，蟑螂被稱為「小強」，依然無法改變它在我心中恐怖的形象，就算它已經躺在地上無力動彈，我還是不想碰它。每次去舊家整理東西，我都刻意繞過它，對已經往生的它視而不見。

幾個月之後，它逐漸乾燥而腐化成灰，留下小小一撮咖啡色的塵土，形貌改變了，我仍知道它是一隻蟑螂。我對它因為恐懼而產生的厭惡，可一點也沒減損。然而，這堆塵土卻漸漸消失。螞蟻搬走一部分、風吹掉一部分，最後掃帚清理最後的餘燼，什麼都沒有了。

蟑螂的屍體，終於徹底歸於塵土。而我對這隻蟑螂的印象，卻依舊深深刻印在那個角落裡。

對蟑螂的恐懼與厭惡，顯然是一種根深蒂固的執念。如果沒有去除這個執念，即使它的屍體消失於無形，噁心的感覺還是會困擾著我。可見，那個執念並沒有因為它生命與形體的消逝，而真正地去除。

這個經驗，是個「色不異空，空不異色，色即是空，空即是色。」的反

不生不滅，不垢不淨，不增不減：就是佛教教義中很有名的「六不」。

證。只要執念存在，就無法觸及虛空。換句話說，就是沒有徹底地清理乾淨。

只要沒有感情主觀的好惡，恐懼和煩惱，就自然會消失

因為恐懼而產生的厭惡，是「執念」帶來的「妄念」，可以說是非常負面的能量。

但是，若試著突破過去的想法或習慣，不要從「二元對立」的角度來看，能量也沒有所謂的「正面」或「負面」，「執念」或「妄念」也都只是一個念頭而已，不要停駐、不要留戀，就不會形成困擾。

清理內在的恐懼，猶如去除明鏡上的塵埃，我們可以盡一切的努力去清理，但未必會達到徹底消除的效果。除非，拿掉那面鏡子，相對的塵埃，也就不見了。而這面鏡子，指的就是每個人心中的執念。

無論外在環境如何變動，唯有徹底去除執念，灰飛煙滅都不會投射在鏡中。因為，只要沒有感情主觀的好惡，恐懼和煩惱，就自然會消失了。

「舍利子，色不異空，空不異色，色即是空，空即是色。受想行識，亦復如是。」是個人觀點的修行；「舍利子，是諸法空相，不生不滅，不垢不淨，不增不減。是故空中無色，無受想行識，無眼耳鼻舌身意，無色聲香味觸法，無眼界，乃至無意識界。」便是從個人擴展到宇宙觀。

學佛的人常說的「六不」，也就是《心經》中「是諸法空相，不生不滅，不垢不淨，不增不減。」這三個對照組：「生」與「滅」（指的是：形體的相對變化）、「垢」與「淨」（指的是：質地的相對變化）、「增」與「減」（指的是：數量的相對變化）。

其實這都是人們習慣用「二元對立」的標準來看世間所有的遭遇，才會主觀產生相對的失落感。如果可以接納生命的實相，連這份失落感都不會存在。

生滅，是指針對身體、生命或物質。

所有生滅，並無增減；
與其後悔過去，不如把握當下

「生」與「滅」、「垢」與「淨」、「增」與「滅」，其實是一起同時發生的連動。

人從出生那一秒鐘，就開始往死亡邁進。新車到手，從落地駕駛的那一刻，就開始折舊。建設一幢大樓，就減損一塊綠地。但是，對於浩瀚的宇宙而言，這些發生於地球表面的變化，並不會影響永恆不滅定律的運作。從無限的觀點來看，這世界的每一個組成，形式上看似互為消長，其實都「是諸法空相，不生不滅，不垢不淨，不增不減。」

最近這幾年，「量子力學」的研究，也被應用於靈性的領域。更多發現顯示：能量不滅的定律，也適用於人類的生老病死、喜怒哀樂，甚至心電感應、磁場互動等。即使生命到了最後，化作塵土，回歸自然，成為地、水、火、風的一部分。原來，所有生滅，並無增減。

即使你失去最愛的人或寵物，他（牠）依然長存於你心，並沒有真正消失。或是再換個說法：

當你失去最愛的人或寵物，也不必過於傷心。只要認清一個事實，有一天連自己的形體，也會跟著消失，就毋須執著於失去的悲傷，而是要積極地替所有愛過的人或寵物，活出生命與靈性的能量與光彩。

有位朋友痛失至親之後，很遺憾沒有及時行孝，因此抑鬱寡歡多年。直到讀誦並抄寫《心經》數百遍，他才領悟到這個道理——與其後悔過去，不如把握現在。讓自己好好活下去，就是紀念先人最好的方式。如果有機會，可以把這份想念與愛，轉換成另一種形式，付出給需要的長輩或其他人，也等同於把失去的遺憾，化為美好的祝福。

垢淨，是指人事物的性質。

增減，是指數量。

是故空中無色，
無受想行識

放下，不是放空

必須體認空無的自性，才能不貪求名利、不愛慕奢華、不戀棧權勢。
這可說是從「個人體內環保」到「全世界生態環保」的重大工程。

短短二百六十字的《心經》，裡面的「無」字，總共出現二十一次。「無」，是《心經》裡面出現最多的字。「無」與「空」，看起來都是很抽象的概念；但是，在《心經》中卻有嚴謹的邏輯。必須先覺知「無」，才能理解「空」。但是，在覺知「無」的同時，要好好活在當下，清楚地覺察，也就是安頓自己，身心自在，否則沒有辦法覺知「無」。

《心經》前面提到的「五蘊皆空」是個人修身的觀點，到了「是故空中無色，無受想行識。」時，已經提升到宇宙的觀點。

「五蘊皆空」在個人修身方面，是說五蘊（色、受、想、行、識）的構成要素，其實並非恆久的存在，變換相對關係之後，所覺知到的狀態就改變了。因此在個人修身的時候，常要提醒自己必須掙脫於五蘊的干擾。

而「是故空中無色，無受想行識。」講的是：其實五蘊根本就不是恆常的存有。若是刻意要自己從五蘊中掙脫，也是一種執著。必須放下「從五蘊中掙脫」的念頭，才能真正從煩惱中解脫。

時時保持覺察，積極清空所有不該存在的念頭

用一個很日常生活的案例來比喻：人之所以有執念，是因為沒有看透「五

是故空中無色，無受想行識：指完全洞察「五蘊」的本質是空，甚至連「五蘊」都沒有了，也就不必花力氣去超脫。

蘊皆空」。若要消除執念，就必須進行排毒，讓不該存在的雜質都淨空。

以現代人養生的觀點來看，有些人沒有留意飲食及運動，卻購買及服用很多各種酵素、益生菌之類的保健食品，幫助自己排毒。無緣無故吃了太多人工合成的非天然食品，反而對身體造成負擔。

如果能夠持續地留意飲食、保持運動習慣，身體自然會排毒，就不需要靠保健食品。既然飲食的材料都從山川大地而來，倘若整體的環境無毒，加上營養均衡、適度運動，身體也就不需要刻意排毒了。

《心經》經文中的「是故空中無色，無受想行識。」再次提醒眾生：必須體認空無的自性，才能不貪求名利、不愛慕奢華、不戀棧權勢。時時保持覺察，積極清空所有不該存在的念頭，以及將來終必消失的幻相，才能在第一時間放下所有的執念。

這可以說是從「個人體內環保」到「全世界生態環保」的重大工程。而最起始的初衷，其實是主動地時時保持清楚的覺察，安頓好自己的身心。

安頓身心，是時時刻刻都要給自己的提醒，也是必須不斷學習與精進的課題。而且要用心去覺察，用行動去實踐，用積極的態度，去改變消極的宿命。

問題是：如何一直主動地保持覺察，安頓好自己的身心？最簡單的方式，是透過不斷地自問自答，確認自己身心安在，這就是真正學習「做自己」的起步。缺乏這種主動保持覺察能力的人，很難真正做自己。

隨時保持高度的覺察，

能夠「放下」；而不「放空」

請試著回想過去的經驗中，你是否曾經問過自己：「此刻，我的心，在、或不在？」而你的回答是什麼？

多數的人欠缺這樣的經驗，通常都是被別人提醒地問：「你的心，在、或不在？」而且，當這個問題被提出時，都是處於「人在，心不在」的狀態。

例如：學生上課不專心，眼神呆呆地遙望窗外；或是看似專心低頭玩手機，其實內在是一片空洞茫然。

這時候老師問：「王小明，你的心，在不在？」

可想而知，王小明的回答，完全對應不到「在或不在」的答案，他只會慌張地反問：「蛤？」然後等著被老師罰站或責備。

等王小明長大一點，會問他：「你的心，在不在？」的人，已經不是老師，而是他的情人或是配偶。

通常若是出現這個問題，王小明碰到的狀況往往是「代誌大條了！」（意謂著「事情嚴重了！」）接下來的結果，絕不是罰站或責備而已。如果沒有做好危機處理，勢必面對感情或婚姻瀕臨破裂的慘重局面。

上班族也是一樣。如果經常處於身心不合一的狀況，總是被人看穿他是處於「人在，心不在」，就很難表現正常的工作效率。

輕微的是：開會中恍神，主管講話沒在聽；嚴重的是：總不知道自己為什麼要從事這個行業？既不滿意現狀、也不改變現況，只是行屍走肉地過每一天，這樣的人生如何能自在？

真正自在的境界，是空無。是放下，而不是放空。就如同靜坐冥想的練習，專注於當下，卻無比放鬆。

雖然，整部《心經》講的無非就是「自性皆空」的道理，但在「因緣而有」的時候，就要清楚覺察每個當下，並且積極付出行動。當「因緣而無」的盡頭，才能了無遺憾。

擁有的時候，我積極努力；沒有的時候，我接受失去。到了這個境界，「是故空中無色，無受想行識。」能夠「放下」；而不「放空」，不僅可以超越自己、也可以度化別人。凡夫，修成菩薩；進而，有一天也能成佛。這是《心經》給讀者的策勉，也是一種溫柔的提醒。

無眼耳鼻舌身意，
無色聲香味觸法，無眼界，
乃至無意識界。

真正清新的芬芳

奧修說：「空無，是彼岸的芬芳。」那是千瓣蓮花同時綻放的美麗與喜悅。
當我們經過很多歷練，而無所求的時候，就什麼都得到了。

我所開設「熟女寫作班」中，有位學生之前曾罹患鼻咽癌，在課堂討論，以及課後習作中，跟我們分享了她罹癌前後的寶貴生命經驗。

其中有個段落，至今回想起來，仍讓我非常感動。

罹癌之前，她在職場上表現非常傑出，跟著公司高級主管，長期駐守於對岸，管理工廠及開拓業務。某天身體不適，確診為鼻咽癌，她開始經歷漫長的「與癌症共處」的日子，並決定離開職場，回到台灣鄉下的農家，和父母一起耕種。

因為經過多次手術與化療，病癒後感覺自己的嗅覺和味覺受損。除了正統醫學的幫助，她在手術後仍積極搭配另類療法。

在一次「斷食營」的體驗中，她神奇地發現，因為癌症而損傷的嗅覺和味覺，漸漸恢復了。

那是在經過一段時間的斷食體驗後，老師為學員準備一大鍋的蔬菜湯。鍋子裡面沒有什麼特別奇特的食材，都是當季新鮮的蔬果，馬鈴薯、高麗菜、牛番茄等。她卻因為數十個小時的斷食後，重新接觸這些樸實無華的食物，品嘗到前所未有的甘美。

這美好的滋味，是她即使尚未喪失正常的嗅覺與味覺前，都不曾體會過的。如今，之所以能嚐到這最甘美的滋味，並不是藉由口鼻，而是一顆單純而感恩的心。

六根：眼耳鼻舌身意。
六塵：色聲香味觸法。

想藉由享受美食，平復內心的挫折，但唯有反璞歸真，才能真正撫慰心靈

她的真實經驗分享，讓我想起台灣近年來的餐飲業發展、以及長期以來的食品安全問題。

隨著社會型態演進，人們經常喜歡透過享受美食，撫慰自己內心的挫折，並藉此紓解壓力。加上外送非常方便，讓餐飲的選擇更加多元化。

電視、或網路平台的美食節目很受歡迎，從主持人、嘉賓、名廚、網紅、甚至素人，都常在節目中推薦美食，或分享如何享受美食。有些表演者邊吃邊錄影，可能一時詞窮，要他描述美味時，只能說「好香」、「好Q」、「好有嚼勁」……

受到這些趨勢影響，少部分業者為了取巧，並降低成本，常過度使用食品添加劑、或有害健康的原物料，直到連續爆發一些食安問題後，開始有些民間團體極力推廣真材實料的餐飲觀念，鼓勵大家盡量多吃「當季」「在地」的食

物。經過這些歷程，民眾懂得回頭思考與重視「真食物裡的原味」，並學會從「粗食淡飯」中，細嚼慢嚥，體驗食物的甘美。

到了此刻，返璞歸真的我們，終於才明白：能撫慰心靈的，是發於內在真誠美好的純粹，而不是來自外界感官的刺激。

從「眼」到所有的「意識」，都不斷變化無常，不要受限於感官樣態，才能放下執念

《心經》裡的「無眼耳鼻舌身意，無色聲香味觸法。無眼界，乃至無意識界。」講的，就是我們透過感官的接觸，而得到的短暫經驗。

「眼」相對於「色」，「耳」相對於「聲」，「鼻」相對於「香」，「舌」相對於「味」，「身」相對於「觸」，「意」相對於「法」，最後總括地說，從「眼」到所有的「意識」，都不斷變化無常。藉此勸勉眾生，不要被感官所迷障，不要執著於事物的表象。

六根+六塵=十二處，人類意識所有覺知，都是六根六塵的交互作用。

美麗的外貌會衰老、好聽的話語會變調、花香聞久會變得沒感覺、美味的食物對健康未必是好的、身體的種種感官所接觸的都只是因緣所生、意識裡的現象因時因地有不同的解釋。

所有的事物，都是相對應地存在。例如，當你愛不到一個人的時候，才會產生恨的感覺，如果你根本不在意他，是連恨的念頭都不會產生。只要放下對其中一端的執念，煩惱也就不存在。但這並非要我們消極地過日子，什麼都不想、什麼都不要，而是要我們積極面對生命的真相，在不斷地「提起」與「放下」之間，鍛鍊自己豁達的人生。

經過很多歷練而無所求的時候，
就什麼都得到了

我很喜歡奧修的一句話：「空無，是彼岸的芬芳。」

那是千瓣蓮花同時綻放的美麗與喜悅。當我們經過很多歷練，而別無所求的時候，就什麼都得到了。

或許，這個說法還是很抽象，需要很多的實踐才能體會。我在這裡可以舉一個最簡單的練習，就是：當你和朋友或伴侶，因為意見不合而發生嚴重的爭吵時，你覺得對方很不尊重你。只要你願意放下自己先入為主的成見，暫時不要再繼續據理力爭，誠懇地傾聽對方的理由與說法之後，彼此尊重的感覺就會很自然地浮現。

執念，是無形的攔阻。當我們不再自以為是的時候，才能真正同意別人其實也有很多對的地方。

有關於生命的愛、名譽、財富、成就……都是一樣的道理。真正的獲得，總在你全然放下的那一刻，才開始擁有。

無眼界，乃至無意識界：從超脫眼前所看到意識所認為的，中間跨越了「十八界」。

無無明，亦無無明盡，
乃至無老死，
亦無老死盡。

當下的力量

每個人的前世、還有很多前世，是追究不完的。既然無法追溯到宇宙洪荒初始，不如就好好活在當下，把握這一世該作為的種種努力。

《心經》除了講「人生觀」、「宇宙觀」，也講「三世因果」。「無無明，亦無無明盡，乃至無老死，亦無老死盡。無苦集滅道，無智亦無得。」這一段經文中，從「無明」到「老死」，就是指人類在三世（過去世、現在世、未來世）十二因緣（無明、行、識、名色、六入、觸、受、愛、取、有、生和老死）的流轉。

你知道自己這一生所為何來嗎？

「無明」指的是對生命的無知——不知道自己從哪裡來、來這裡要做什麼、死了之後要去哪裡？

若是對以上三個問題，從來都不去思考、探索、學習，可以說這個人是渾渾噩噩地在過日子。

通常，這種人都要等到生命遭遇很大的變故，或是至親重病甚至往生，才開始會想這些問題。我也看過有些人，從來不碰觸這些課題，以近似「行屍走肉」的方式過生活。

以佛學的觀點來看，這種人還要經過很多次的輪迴，才能讓靈魂有所學習與精進。

另一種人則是非常困惑於自己從哪裡來、來這裡要做什麼、死了之後要去哪裡？所以很早就開始積極地尋找答案，透過靈性的學習、宗教的參與，甚至尋求心理諮商或靈媒催眠的管道，想要對自己或親人的生命一窺究竟。

無明：是指因為無法認識生命實相而產生的煩惱，不能覺察諸法事理，不能明白善惡因果，而起的貪瞋癡等煩惱。

過度沉迷於前世今生，容易落入陷阱；解脫煩惱、超越生死，要靠大智慧

無知令人惶恐。蘋果公司執行長賈伯斯（Steve Jobs）曾在二〇〇五年美國史丹佛大學畢業典禮上，送給畢業生一句忠告：「求知若飢，虛心若愚。」（Stay hungry. Stay foolish.）勉勵大家帶著傻氣勇往直前，學習新事物。

法鼓山聖嚴法師講授《心經》，提到「無無明，亦無無明盡，乃至無老死，亦無老死盡。無苦集滅道，無智亦無得。」時，他說：「有智慧的人，不以為自以為有智慧，這才是真正的智慧。」他用「大智若愚」、「虛懷若谷」的精神，來勉勵信眾，學習解脫煩惱、超越生死的大智慧。

對生命的疑問，抱持探索求知的態度，固然很好，但其中有一個很容易令人產生好奇、甚至一不小心就會掉入的陷阱，就是有關「前世今生」的探索，有人為此花了很多金錢或時間去靈修，也有人因此而被詐騙。

我很幸運在早期就有機會受教於法鼓山的聖嚴法師，他鼓勵信眾不要執迷

無明的梵文為Avidya，也可以說是不智、愚昧，既是「十二因緣」之首，也是一切苦的根源。

於「前世今生」，主要的理論依據是：

每個人的前世、還有很多前世，這是追究不完的。我們既然沒有辦法追溯到宇宙洪荒初始以來的每一個前世，不如就好好活在當下，把握這一世該作為的種種努力。

以我粗淺的觀察，很多對前世今生有興趣的朋友，常常一不小心就落入「宿命論」裡。

只把此生的不幸或不如意，歸咎於前世的「因」，而把自己今生的際遇當成是「果」；卻忽略只要改變自己，創新行動，就可以成為另一個左右命運的「因」，讓自己的餘生與來世，從此變得不同。

別再永無止境地追溯前世，好好把握今生此刻，
學會以正向的角度，詮釋之前的負面經驗

國外有幾位學者，長期研究「前世今生」這個主題，並且認為追溯過去前世的經歷，有助於了解今生的遭遇，並且對生理的疾病、人際關係有所療癒。也有幾位朋友，總認為自己時運不濟，而求助於催眠師觀想前世，剎那間撫慰內心的創傷。

透過催眠，觀想自己的前世，或許對於某些人的心理創傷，確實會有療癒的效果，但我還是比較傾向於把精進自己的重心，擺在今生的當下。

同時我也常提醒那些過度沉迷於探索前世的好友，別再永無止境地追溯前世，好好把握今生此刻。

觀想前世，或許可以理解過去發生的劇本，但比這個更重要的是，要如何換一個全新的、積極的、有建設性的角度，去詮釋那些已經發生過的事情，並調整心念，改變行動，創造新的機遇。

十二因緣：
起於無明，終於老死。

否則，就算你知道某個經常與你作對的朋友，是你前世的仇敵，今生是來鍛鍊彼此和解的能力後，你依然遲遲不肯伸出友誼的雙手，那又如何？你們只會看對方更不順眼，繼續吵下去而已。

換個不同的說法。當你願意學習與人好好相處，化解彼此的對立，就算知道對方是你前世的仇敵與否，也根本不重要啊。

除非，知道前世的訊息之後，能幫助你放下，而不是執迷，這才有意義。（有關於「前世」的概念與連結，我已經在拙作《向宇宙召喚幸福》（皇冠出版）書中有專文闡述，請讀者自行參閱。）

在無盡的輪迴中，解脫於生死，活出自己的精采，也帶給別人幸福

如果你很在意，如何清理前世的記憶或業力，我願意分享自己應用多年，而且很有效的方法，就是經常默唸《零極限》（方智出版）書中介紹的四句

話：「對不起！」、「謝謝你！」、「請原諒我！」、「我愛你！」

它可以幫助我們的內在，得到很好的清理，因而獲得更多神性的訊息。也能更清楚地明白：我這一生，所為何來？甚至落實於日常生活中的每一個大大小小的決策，讓你不會誤判形勢，作出害己傷人的決定。小到「去哪裡找停車位」、大到「我該跟他結婚嗎？」都可以獲得更多來自神性的指引。

佛教徒希望在無盡的輪迴中，解脫於生死。徹底了解「無無明，亦無無明盡，乃至無老死，亦無老死盡。」這段經文的意義，並非要一味地貪生怕死，或看開生死後不肯積極作為，反而是要我們在這一世的生與死之間，活出自己最精采的人生之外，還不忘幫助其他的人，離開煩惱，度到彼岸。

因為一個人的快樂，絕對不會是真正的快樂，要和大家一起快樂，才能感覺到全然的幸福。

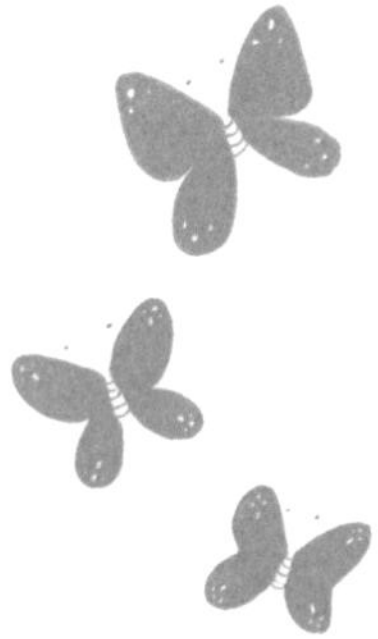

完整的十二階段是指：無明、行、識、名色、六入、觸、受、愛、取、有、生、老死等。

學會與煩惱共處

當我們可以自在地和煩惱共處，就不會太介意它的出現或存在。
我們終將知道它只是幻相，不會對我們有所影響或妨礙。

最近這幾年，為了幫助自己、也幫助別人，我學習許多與「療癒」主題有關的課程，獲得幾張證照之後，以一對一課程的形式，開始服務需要幫助的個案。累積無數諮詢經驗，我發現不論是身體的、情緒的、心靈的，各方面需要療癒的問題，都會造成身心「不舒適」的感覺。但能夠感覺「不舒適」，還能清楚描述出來，已經算是很有覺察力了。

許多人受困於自己的難過或不舒服，但是當你要對方更精確地描述：「哪裡難過？」、「不舒服到什麼程度？」很少人能夠說得很翔實準確。

從西醫的角度來說，必須把疾病的症狀清楚表現出來，才能對症下藥。所有應用在西醫的檢查工具，諸如：X光、超音波、內視鏡、正子攝影等，都是為了精準表述疾病的症狀，以便於消除病灶。

身體器官若有症狀，可以靠這些醫療儀器檢查；而情緒的喜怒哀樂的變化，則有賴於自我覺察。當感覺心情很糟，或許知道為什麼難過，卻遲遲理不出個頭緒來，就很難找到安頓自己的方法。

若擴大這方面困擾的舉例，小從個人的情緒，到對生命的種種疑惑，內在的不安感，就更劇烈了。

《心經》裡的「無苦集滅道」，就是針對所謂的「四聖諦」進行清理。

苦：泛指從生老病死衍生而來的貪生怕死等痛苦；集：匯聚這些痛苦的原因；滅：不再繼續製造痛苦的原因，從生死中解脫；道：藉由修行來切斷苦集滅。

苦集滅道：就是佛法中所謂的「四諦」，諦，意指「真諦」，也就是「真理」。

學會與煩惱自在共處，就不會太介意它，也不會被身心疾病所困

我跟很多朋友討論過消除煩惱的看法，多數人覺得，消除煩惱就像「打地鼠」的電子遊戲那樣，看到哪個洞有地鼠冒出來，就把它敲回去，讓它消失在洞口。但是，這幾年的靈性學習與人生體會，讓我有了另一種領悟。

人生在世，所有的痛苦與煩惱，不可能全數消失殆盡，與其處心積慮去抹滅它，不如學習與煩惱共處，讓它很自然地在那裡，不必急著去驅趕它。

當我們可以自在地和煩惱共處，就不會太介意它的出現或存在，讓它停留一段或長或短的時間，我們終將知道它只是幻相，不會對我們有所影響或產生妨礙。

以重大疾病為例，很多病患不論再怎麼努力依醫生的囑咐吃藥復健，還是無法回到當初身體健全、手腳自如的狀態。像我母親中風超過二十五年了，還有高血壓、糖尿病等遺傳慢性疾病，前幾年又罹癌，雖然很幸運地在治療下近乎痊癒，但還是要花很多時間與心力，控制飲食、服用藥物，確保病情不至於快速惡化。

頻繁地進出醫院，難免會感到不安與疲憊，我常勉勵自己：必須學習接受現狀，並與疾病自在相處，不要被它困住——這就是一種消除煩惱的方法。

誠如那句很有智慧的話：「能解決的事情，不用擔心；不能解決的事情，擔心也沒有用。」如果，針對一個人或一件事，既然已經盡了心、也用對力，但一時半刻之間還是無法處理好，那就與之和平共處吧。過度煩惱，只會增加更多憂慮，徒增困擾而已。

有時候，這些煩惱之所以揮之不去，是因為把焦點都放在自己身上，就會被自己放大檢視；反之，如果願意將注意力，轉移到對別人付出關心，自己就不會再被原先的煩惱困住了。

苦，指為生老病死而感到不圓滿的煩惱；集，產生所有煩惱痛苦的原因。

捨棄以自我為中心的想法，把重心放在關懷別人

因為長年陪伴公益團體「愛無限樂團」到處表演，擔任演出的音樂藝術家，都是視障、聽障，甚至是腦部功能缺損等身心方面的限制方。但是我觀察到他們樂觀開朗的特質，正來自於能夠和這些缺損自在地相處，反而可以把心力專注在天賦的專長，演奏出優美的樂章。

有位視障的演奏家，常在等待的空檔，和我們玩一種手機上的軟體。他將幾位工作人員個別拍照之後，手機會用語音描述這個人的長相與特徵，幫助視障者了解對方的樣貌。有時手機軟體也會誤判誤讀，把捲髮熟女，錯看成年輕男孩，讓大家開懷大笑，頓時將等待表演的壓力一掃而空，上台表演的默契和效果也因此而更好。

在這些互動中，我發現：如果可以捨棄以自我為中心的想法，把重心放在關懷別人，願意為別人付出，就可以很自然而然地放下自己的煩惱焦慮，從內

在升起平靜的感覺，這就是真正的智慧。並非現實生活中的障礙已經消失了，而是讓自己不再受限於那些障礙。

否則，所有解脫煩惱的努力，若只停留在「自私自利」的立場，一旦達到目的之後，就會變得很消極，覺得「人生好像沒有什麼值得自己繼續努力的了！」「就這樣吧，已經很可以了呢！」，這反而演變成另一種對「空無」觀念誤解的執著。

法鼓山聖嚴法師講解《金剛經》，提到「應無所住，而生其心」，意思就是：不要執著於自我中心及自我價值的判斷。即使身處紅塵，也不會被世俗所困，但仍可以對眾生懷抱悲憫和智慧的心。

真正的修行，可以從個人的「少欲知足」開始，最後還是要擴展到關注別人需要的「利己而後利他」，才能拓展生命的能量，徹底發揮上天賦予的能力與責任。

滅，可除去煩惱，讓痛苦停息；
道，消除煩惱痛苦的方法。

聰明別被聰明誤

聰明的人，比較傾向獨善其身，
智者則願意以自己所知所有，成就別人的需要。

這世界上，真正聰明的人很少，自以為聰明的人很多。即使是資優班的學生，他們的聰明可能只適用於學業考試成績，若要應用於對生命意義與價值的思考，未必能派上用場。

聰明與智慧不同。聰明，可以是智商高、反應快；智慧，則是洞悉世事、成就別人的需要。

我在讀中學的時候不會念書，智力測驗只考七十九分，被編入放牛班，對自己很沒自信。比別人多花了一年時間重考，才能考上高中。雖然不是明星學校，但至少是第三志願。不過，我並沒有因此而獲得自信，甚至很怕同學取笑我：「喂，你是重考的喔！」因此相當低調，盡量保持禮貌的距離，不太與人互動來往。

班上有幾位同學，成績非常優秀。相對之下，我有很大的壓力。擔心自己學業若跟不上，三年之後考大學，會重蹈覆轍。當時，我每天晚上都留在學校自習，希望以「勤能補拙」的方式，彌補自己智力的不足。

遇到課業的疑難雜症，我多半是悶著頭自己想辦法，從參考書上找解答。有個晚上，當我正想不出如何解答一道數學題時，碰到班上成績優秀的同學，他很熱心地拿出紙跟筆教我，講解得非常詳細。

事後我向他道謝，他說：「不用客氣啊，我跟你演練一遍，自己也會記

智，指洞見真理；剛開始以自我為中心；這是有煩惱的智慧。後來必須放棄自我中心，才能得到沒有煩惱的智慧。

得，而且印象會特別深刻，以後我就不用特別花時間複習這個公式，說起來，是我應該謝謝你。」

他虛懷若谷的態度，讓我覺得非常親切。事隔多年，當我讀到《心經》的「無智亦無得」時，總會想起他的身影。當一個人的自信，可以支撐起「沒有什麼好擔心得不到，就不會害怕失去！」時，就很自在了。

考試成績高，只是知識豐富；能夠不怕被追趕過去，還願意把不會的人教會，這不是具備知識就能做到的，而是有智慧了。

功成名就，只是一般聰明才智，不再為生老病死、功名利祿煩惱，才是真智慧

從學生對於學業成績的爭取，到大人對於名利的追求，道理都是一樣的。若是以自私自利的心態去爭取，即使得到了想要的一切，最後還是會失去。

就像很多自以為聰明的商人，為了降低成本、獲取利潤而不擇手段，不惜

誤觸法網，最後不但付出巨額賠償，傾家蕩產，信譽全毀，這些人是聰明反被聰明誤。

反之，以自利利人的想法去努力，不以自己的滿足為極限，把大眾的需要放在自己的心上，反而可以得到更多。而這樣的獲得，並非他最在意的，因為他已經沒有得失心了。

達賴喇嘛曾經說：「聰明才智能幫助我們克服痛苦、找到快樂，卻也會製造問題。我們應用聰明才智建造房子並產生食物，卻也因此製造出焦慮和恐懼。」

他認為解決這種困境的關鍵要領是：「我們必須結合聰明才智和溫暖又開放的心，在理性中注入慈悲、關懷和分享。心的這些特質，將把聰明才智轉變成強大積極的力量，讓心變得更寬廣，甚至當意外發生時，我們才能夠鎮定不被影響。我們不僅能夠考慮到自己，更能關懷他人的福祉。」

《心經》的「無智亦無得」，講的並不是在生活上用來考高分、賺大錢的小聰明，而是不貪生、不怕死的大智慧。

得，是「有所收穫」的意思。

能夠不再為生老病死、功名利祿煩惱，才是真正的智慧。若可以精進到這樣的地步，智慧也就沒有用處，才是徹底自在快樂地解脫。

近年來，很多人熱中於靈修，不少國外專家的著作，都在討論「開悟」是什麼？甚至還有一本書，花了幾萬字告訴讀者：「靈性開悟不是你想的那樣！」它既不是狂喜，也不是天堂之樂。

作者傑德・麥肯納（Jed McKenna）在書中的〈後記〉提出了他的總結：「不真實的不存在；真實的永遠不會停止存在。」這個說法跟佛學的思想，非常接近。所有的幻相，終必成空；真實的存在，唯有慈悲與大愛。

看透，而不看破；

放下，而不放空！

不要說是金錢、名位，就連解脫生死煩惱的智慧也是如此。你所汲汲營營追求的，終有一天會全然地放下。

即使，像范仲淹在〈岳陽樓記〉所說的：「不以物喜，不以己悲。先天下之憂而憂，後天下之樂而樂。」把別人的需要放在心上，讓自己在追求成長的過程中，多了一份動力與責任。

但是，也不能一直戀棧這些公益的感覺，認為自己在做好事、有智慧。尤其是對生命的大智慧的獲取，不要只是一味地想要讓自己趨吉避凶、離棄煩惱，這些都是貪嗔癡，就算是為大眾付出努力，幫助大家認識生命的本質，也不要引以為傲。

所謂「看透生死」、「超越煩惱」的大智慧，也是一樣的道理。若能做到「看透」，而不「看破」，意思是說：把人生看得通透，但心中仍懷抱善念；再加上之前提到「放下」，而不「放空」，兩句話合起來，就是「看透，而不看破；放下，而不放空！」這才是真正的大智慧。

而這時候的智慧，也已經無須大刀闊斧地使用了，有智慧和沒智慧，是一樣的。這就是「無智亦無得」的意義，既是謙卑，也是自信。

> 真正洞見宇宙真理，了解「生不帶來；死不帶去」的意義，徹底體會「自性皆空」的道理，連這樣的智慧都不需要。

以無所得故，
菩提薩埵，
依般若波羅蜜多故

不只做自己

愛的極致，就是慈悲心。而最大的慈悲，來自最小的同理。
當你願意放下自己的主觀，願意同理別人的需要，就是學習慈悲的開始。

做自己！這應該是最簡單的一件事，但到了今天這個時代，卻變得更困難。我曾在網路書店的搜尋頁面，輸入「自己」為關鍵字查詢，立刻彈跳出超過十萬筆書名有嵌入「自己」兩個字的項目。我發現其中大部分的作品，都曾經暢銷一時。尤其，提倡「愛自己」這個觀念的書，幾乎每一本都很受歡迎。

以我的著作為例，《栽培自己》、《擁抱幸福的自己》、《創造自己的價值》、《尋尋MeMe，贏得自己》、《更愛明天的自己》、《今天，你給自己打幾分？》，讀者的反應確實都很熱烈，表示很多人都十分關心如何活出自己的特質、找到自己的天賦。

當時，我並非刻意討好讀者，才寫這類題材的書籍，而是我一直對於探索自己有濃厚的興趣，也很樂於分享每個階段不同的學習心得。連這本記錄我讀誦《心經》而有所體悟的新書，都不斷分享如何愛對自己的觀念和方法，就是因為我覺得了解自己、用對方法愛自己，真的太重要了。

「愛自己」和「愛別人」應該同時並存

閱讀過許多不同觀點的文章，我發現有很多專家都教讀者，用不同的方式愛自己；甚至很堅定地說：「我們一定要先懂得愛自己，才會愛別人！」我曾經很認真地去思考，學習「愛自己」和「愛別人」先後邏輯關係，還是無法百分之百相信「我們一定要先懂得愛自己，才會愛別人！」

其實，意識層面的「愛自己」，都只是「小我」在作祟，也是當內在沒有安全感時才會發出的警訊。因為所有的「自己」，都不可能獨立於「他人」而存在。我們每一個人的靈性，都是彼此共振、而且互相連結。

「愛自己」和「愛別人」，是可以同時發生的，而且也要同時發生才有意義。因為當別人不存在時，自己也失去意義。更何況，存在於宇宙之間豐盈的愛，是取之不竭、用之不盡的，我不會因為「愛別人」就會對「愛自己」有任何的缺損。

佛學講的大愛，是愛的極致，也就是慈悲心。而最大的慈悲，來自最小的同理。當你願意放下自己的主觀，願意同理別人的需要，就是學習慈悲的開始。我想，那些不斷強調「我們一定要先懂得愛自己，才會愛別人！」的專家，應該是很欠缺安全感，才會那麼強調「先愛自己」的重要性。

或許，我們真的得從「做自己」開始，才會懂得如何「愛自己」和「愛別人」，但「自己」這個概念是怎麼來的呢？

以謙卑的態度探索，才有可能找回失落的自己

「自」這個字，筆畫簡單，意義多重。光是查字典，可能就有人不知道該從哪個部首查起？很多字典都把「自」這個字，編入「難檢字筆畫索引」呢！「自」共六畫。部首就是「自」，自成一部。根據東華書局出版的《e世代華文辭典》所說明，「自」是一個象形字，原是描寫鼻子外部輪廓的特徵，最原始的意思是「鼻」。因為古時候的人稱呼自己時，常指著自己的鼻子，後來就把這個字移來當作現在的「自」，反而另造「鼻」字，專指「鼻子」。

很有趣的是，從事教育輔導的親職教養專家楊俐容老師跟我說，在西方心理學的研究中，有個很有意思的實驗，就是把幼兒的鼻子塗上紅色，當他懂得

無所得：
從五蘊、十八界、十二因緣、四諦，體證一切法都是空的，就是真正大自在的解脫。

指著紅鼻子，就代表他開始有了自我的意識。

除了指稱自己，「自」還有「本來如此」，也就是「自然」的意思；另一種用法則是「自從」，也就是「來由」。我無意充當國文老師，在此說文解字，而是「自」的意義，和現代人最重視的「做自己」這件事情，有很直接的關係。口口聲聲強調想要「做自己」的人，必須順從自然的本質，從來由、源起的地方，開始以謙卑的態度，探索自己，才有可能找回失落的自己。

「自己」、「自然」、「自從」三種解釋，息息相關，像是三個連環，緊緊扣在一起。一個人若曲解「做自己」、「愛自己」的本意，一味只顧著吃好的、穿好的、打扮外在、縱情於享樂，而不感恩父母、敬重長輩、照顧家庭，他就會繼續迷失，永遠都找不到自己。

深刻地體認到「自性皆空」，

因此不再有「執念」

《心經》中段（以專業佛學研究學者分析佛經的架構，是指「正宗分」，也就是「主體」、「本文」的意思），提到「以無所得故，菩提薩埵，依般若波羅蜜多故」其實就是呼應最前面那段序文（專業佛學研究學者通稱為「序分」）「觀自在菩薩，行深般若波羅蜜多時，照見五蘊皆空，度一切苦厄」的意義。

為了愛自己，而向內探索自己。從「找到真正的自己」，到願意「放下自己」。當「我」都可以不存在的時候，於是連「恐懼」都已經消失了。這就是深刻地體認到「自性皆空」，因此不再有「執念」。

對自我不再有執念，願意利益別人，度化眾生，於是可以修成菩薩。甚至菩薩都幾乎可以修成佛，但還是願意留在人間與眾生一起學習。

這裡的「菩提薩埵」，就是「菩薩」的完整稱呼。在「正宗分」中以完整的「菩提薩埵」，替代「序分」中簡稱「菩薩」，相傳是玄奘大師刻意提醒有情眾生，此刻就是完美智慧的境界。

菩提薩埵：即菩薩的總稱。可以說是追求覺悟的有情眾生，使人覺悟的有情眾生。

PART 3

人生無常，才是正常

透過不斷清理，
更懂得放下。
解開煩惱的枷鎖；
重獲心靈的自由。
時時刻刻都可以勇敢啟程，
去追求生命的解答，
終將發現所有的祕密，
藏在出發的起心動念之中。

先放手，再放心

唯有真正懂得放棄以愛為名，去控制別人或被別人控制，彼此都自由自在，才能經營雙方可以自由呼吸的感情，活出心無罣礙的人生。

多數人對「做自己」的概念，往往還是架構於「做給別人看」；一旦發現自己做不到，或做得很累、不甘願，就會產生「擺脫別人的期待與束縛」的念頭。若是如此，就很容易陷入矛盾中。

因為這樣的「自己」比較表面，還是相對於「讓別人喜歡我，因此得到對方的認同」的欲望才存在的。

當我們刻意想要贏得某種好處、利益，或是處心積慮要讓別人喜歡，就會落入控制的陷阱。你想要控制別人，卻已經被自己的這個想法所控制，這就不自在了！

真正的「自在」，是不管有沒有「別人」這個概念，都很「自在」。

當你在路邊撿到一包別人遺失的現金，無論現場有沒有監視器、有沒有顧及觸法、有沒有人經過，你都會秉持「不是我的東西，我都不會侵占！」這就是一種「自在」。

無論是否得到對方，內心都充滿愛的祝福

在感情的世界裡，也是一樣的道理。當你珍惜對方的心，卻不強佔對方的自由，才能愛得自在。

罣礙：放下自己、放下執著，沒有牽掛。

有個女孩跟我說，她正和分手後持續曖昧五年的前男友，處於「要不要再復合？」這個很關鍵的時刻。

他們其實已經兩年沒見了，她很想舊情復燃，但分手後對方身邊好像短暫的桃花不斷，雖然交往時間都很短就分開。前男友遭遇感情波折時常來訴苦，並且說：「我覺得還是妳最好。」更增添她戀戀難捨的心情。

漸漸地，她深受這段關係所苦。她很想與前男友破鏡重圓，他卻表現若有似無的態度。他們約好再過兩個月將要在東京重逢，女孩說：「我每天都祈禱，他能跟我重新在一起。」但她沒有把握，甚至很擔心對方會說：「我們還是做朋友比較好！」

因此她問我：「到底要用什麼方式祈禱，他才會回到我身邊，讓我們重拾愛的感覺？」

考慮甚久之後，我決定跟她說一個看似殘酷，其實是很溫暖的答案，希望她能明白我的用心。

我說：「妳祈禱的方式錯了。正確的祈禱方式應該是：無論他會不會回到我身邊，我的內心都會充滿愛的感覺！無論是否得到對方的承諾，內心都充滿愛的祝福。」

很顯然，她是個很有智慧的女孩。收到我的訊息當晚，就回覆我：「吳大哥，你的建議，徹底點醒了我。」

停止操弄與被操控，彼此才會真正的自在

學會放手，才會自在。她能迅速想通，並且徹底釋懷，並不是因為我的提點，而是基於宇宙的原理，也是愛的真諦。

真正的「自在」，是不會讓無謂的得失心操弄自己、也不會想要去控制別人。停止操弄與被操控，彼此才會真正的自在。

以智慧為船，抵達彼岸之後，連象徵智慧的船都可以放下捨棄，就真正沒有任何罣礙了。

一個不斷想要控制別人決定的人，必定會活得很不自在。最主要的原因，是因為自己已經先被這個念頭控制。而「控制」的本身，就是一種虛幻。學會對所愛的人放手，才是真正放心去愛的開始。

先放手；再放心。其實隱含著雙重的意涵。一種是兩個人還在一起的時候，鬆開對於彼此的管控，因為信任而保有安全感；另一種是兩個人決定分開，無論多麼不甘，都要捨得對方好好離去，讓彼此的心，可以在人生的不同角落，安頓下來。

就像劉若英唱的那首歌，無論愛或不愛，都要「各自安好」啊。

愛，不是控制、也不是被控制，而是願對方自由、讓自己自在。唯有懂得放棄以愛為名，去控制別人或被別人控制，彼此都自由自在，才能經營雙方可以自由呼吸的感情，活出心無罣礙的人生。

當心無罣礙的時候，無論愛或不愛，都能自由自在。這是更真實、更豐富的愛。

活得像雲般自由

連瀟灑也是不能執著的。
希望到達某種境界或是無牽無掛本身，已經是一種牽掛。

和我年紀相近的朋友，絕大多數都看過瓊瑤女士的原著小說或改編電影《我是一片雲》，其中有一句令人印象深刻的話：「來去無牽掛。」這看似很文藝腔的浪漫字句裡，其實蘊涵很深的人生哲理。

法鼓山的聖嚴法師生前講解《心經》時，曾以「雲」來解釋：「以無所得故，菩提薩埵，依般若波羅蜜多故，心無罣礙。無罣礙故，無有恐怖。」這段經文的意義。

他說：「不妨將菩薩的心，比喻成山中的一朵祥雲；雲是不請自來，不驅自走；雲在山巒之間，穿來穿去，遊走自在。遇到了山峯，不會被擋住；越過山巔，繞過山腰，消失於無形。雲是有的，但不會受到任何形式的阻礙，因為它本身沒有固定的目的，沒有固定的形體。雲在遇到不同的氣溫氣流，便會隨緣變化成雨、露、雹、雪、霜、冰，以及水、氣等形狀。這就是菩薩無心如雲出岫的意思。」

「我是一片雲，來去無牽掛。」無論用在感情的緣起緣滅，或肉身的生老病死，都是很瀟灑的態度。

然而，連瀟灑也是不能執著的。如果你很重視自己的修行，希望到達某種境界或是無牽無掛，這種欲求的本身，已經是一種牽掛。

《心經》中的這段經文：「以無所得故，菩提薩埵，依般若波羅蜜多故，心無罣礙。無罣礙故，無有恐怖。」講的就是眾生追求像菩薩那般的慈悲有情，可以有這份心，但不要被這份心牽絆住。

所有關於愛的奉獻，都不能讓心有所罣礙

以一個很世俗的狀況來解釋，某人很想買房子安頓父母和家人，這是他的一份心。他常說：「自己苦一點、省一點，不算什麼。只要能夠及早籌到頭期款，再慢慢繳貸款，能完成這個心願，人生就沒有遺憾。」

這本來是人之常情，也是好事。但他過度節儉，對自己非常嚴苛，也沒給家人好臉色看，還認為家人都不體恤他。在自備款尚未籌足之前，卻已經和家人處得很不愉快，就算房子買到，也無法修補這些感情關係的裂痕。

他的起心動念，都是為家人好，算是慈悲的，但是執著於這份好意，卻沒有放下心中對於金錢的牽掛，就形成實現目標的阻礙。

把這個簡單的個案，擴展到另一個實例。我十幾年前接觸門諾醫院，很榮幸受邀協助他們募款，在花蓮的壽豐鄉興建護理之家與老人照顧社區。

因為需要的資金非常龐大，募款的進度猶如細水長流，但總執行長黃勝雄先生從不為此憂慮或感到氣餒，他把長遠偉大的目標，切割成年度具體的計畫，安心自在地按部就班去實踐，如今整個社區的規模已見雛形。

門諾醫院以「實踐耶穌基督的愛在最弱小弟兄身上」為使命，跟菩薩的慈悲沒有兩樣。讓愛可以跨越宗教的界線，這也是一種心無罣礙的表現。

幾年前，黃勝雄先生已經正式退休，回到美國定居，至今我仍然十分懷念他。雖然，每一個人最終都可能會離開一項職務，但他留下來的風範，就像愛一樣、就像雲一般，不拘形式地繼續滋養大地。

無論是公務或私旅，每次去到花蓮，那怕只有片刻空檔，我都刻意站定在寬闊的穹蒼之下，靜靜地看著雲朵的飄移。曾經去到過很多人生不同的遠方，

無罣礙故：心中沒有我執，所以不再患得患失。

我一直覺得花蓮的雲朵，有非常獨特的姿態，除了山影的襯托，還有許多人間滿滿的愛，讓所有想要奉獻的心，都可以擁有自由飛翔的愉快。

把自己的價值，建立在別人的需要上

現代人常把「愛自己」掛在嘴邊，一天到晚想要吃好的、穿好的、玩有趣的，卻沒有向內找到自己的天賦與使命，也沒有去思考「如何把自己的價值，建立在別人的需要上」，過度以自我為中心，反而是一種牽掛和阻礙。

真正的「愛自己」，是把自己當成一片雲，讓自己活得像雲般自由。消除執念，沒有煩惱。即使是對別人付出愛與關懷，都能夠不侷限於自我堅持的形式，只要能夠讓對方感到自在，都願意不計較地捨己利人。

若對方暫時不能體會這份好意，或付出的好意沒有立刻見效，也必不著急焦慮，放下我執，才能利他。

最後，連象徵「自己」的這朵雲，都可以隨風散去，只留下無垠的藍天。這就是《心經》這段經文：「以無所得故，菩提薩埵，依般若波羅蜜多故，心無罣礙。無罣礙故，無有恐怖。」的意義。可以應用在個人的情感與家庭、工作與事業，也可以用來當作自我精進，學習菩薩「慈悲為懷」的精神。

無私就不會患得患失

真正地做自己，必須能夠跳脫被需要的控制。
透過甘願而主動的付出，完成此生的意義與價值。

找到自己，學會自處。這是每個人的一生，很重要的功課。在此之前，沒有人可以真正毫無懸念地過好獨立的生活。即使像是《少年Pi的奇幻漂流》小說或電影裡的男主角，獨自漂流海上的過程，都還有一隻老虎為伍。彼此既要搏鬥，也必須合作。

有影評人說，老虎代表的是：每個人內心的恐懼。而恐懼的相對意義則是：勇氣。很多人付諸努力的勇氣，是因為想要追求成功。但我很明白自己，曾經有一段很長的時間，付諸一切努力，並不是為了追求成功，而是害怕失敗。那是因為從小到大，很多的挫折遭遇，讓我害怕失敗。克服對於失敗的恐懼，曾是我的一項功課。

我的物欲極低，也很不愛出風頭。名利對我的吸引力，雖不至於起不了作用，但真的發揮不了太大效果，我努力追趕著自己，其實都只是害怕失敗而已。雖然這種為了戰勝恐懼而努力的結果，也附帶地讓我擁有安全無虞的生活保障，但還是無法滿足我對於人生意義的追求。

直到最近幾年，我服務過很多人，學習做過很多不為名、也不為利的付出，獲得內在的自信，建立更深的安全感之後，才漸漸明白：

每一個自我的價值，都是相對於另一個個體或更多人的需要，才會完整地存在。願力愈大，能力愈強。

以「被控制」提醒自己存在的意義，是一種很負面的方式

不管你是多麼愛「耍孤僻」的人，都必須透過至少一個人或一段以上相對應的關係，鍛鍊出「自我」的意義，找到自己之後，就不難歸納出自處的哲學，以及自己要的快樂。

我們都想要自主，也就是「做自己」，不想要受別人控制。但是，很弔詭的是：多數人的潛意識，其實很習慣「被控制」。而且必須在「被需要」的控制中，才能感覺自己的存在。

「在！」這是在清宮劇裡，會出現很多次的台詞。當皇上叫喚妻妾、侍從、官員、奴婢，被叫到的人，都會喊聲「在！」然後聽命行事。

宮內的人多麼害怕被當作空氣，沒人叫喚他。因為只要皇上不叫喚，他就等於是「不在了」！皇上久久不叫喚，他就失去了地位、失去功能、失去自

己……很可能再被叫到的時候，就是氣絕身亡的那一刻。

我們害怕被別人厭棄，有時候會以「被對方需要」為榮。願意付出服務或祝福，雖然是好事，但若活在「被對方需要」的使命感中，無疑的，是一種執著。那也是一種「被控制」的形式，儘管它初期有點甜蜜。

必須能夠跳脫被控制的需要，才能真正地做自己

有個朋友聽我這樣分享，既覺得有趣、又感到慶幸。有趣的是，經過我的提醒，他終於發現：以「被控制」提醒自己存在的意義，是一種很負面的方式。慶幸的是，我們都已經不是活在清宮的人類，應該沒有那麼悲慘吧？

但事實並不如想像樂觀，雖然我們都不活於清朝宮廷之中，但從「被控制」或「被需要」的奴性中，體會自己存在的意義與價值，依然還是很普遍的

無有恐怖：了解生死，解脫煩惱，不再害怕恐懼。

方式。

我們習慣於被物欲控制，看見別人為了買高級麵包大排長龍，就發憤圖強地對自我宣示：「總有一天，我也要吃到！」這就是你心中對物欲喊出的「在！」

有些人因為從小沒有被家人以愛妥善地對待，長大後常被不幸福的感情關係控制，總要碰到很爛的情人，被傷到體無完膚，才會感覺到自己的存在。

而真正地做自己，其實是必須能夠跳脫這些被需要的控制，透過甘願而主動的付出，完成此生的意義與價值。將以上這個觀念，套用在個人修身上，並非只是用付出去刷存在感，而是必須發現自己的價值，才能找到存在的意義。

你可以學習「我思故我在」、也可以「我愛故我在」，但千萬不要落入「我買故我在」、「我恨故我在」。

對生命的本質不夠了解，
才會有恐懼的罣礙

我十分有幸能與法鼓山的聖嚴師父對談，將筆記內容整理成《正面的解讀，逆向的思考》（天下生活出版）一書。

在書中，聖嚴師父提到，對生命的本質不夠了解，才會有恐懼的罣礙。恐懼，有時候是因為欲望沒有被滿足。唯有做到「捨自己的私欲」，才能「得更大的願心」，為公眾的利益付出，這已經是很高的境界了；但若要成佛，是連「捨」與「得」的概念都沒有。

佛陀只是因為想要消除自己的煩惱，也幫助眾生從煩惱中解脫，其他什麼都沒有得到，也就不害怕失去什麼了。

《心經》講的「無罣礙故，無有恐怖」，就是在「無智亦無得」之後，「以無所得故」，終於學會不再為一己的私利而患得患失，就算化為服務眾生的願心，也要懂得量力而為，等待因緣俱足，不會因為害怕恐懼不成功，而阻礙自己的努力與付出，終於可以盡情盡興地去做自己想做、也該做的事。

恐怖：《佛諦經論》提到的「五怖畏」就是五種恐懼：惡名畏；惡道畏；不活畏；死畏；大眾威德畏。

用理想取代夢想

生命的最高境界，是不再「貪生怕死」、「患得患失」，自在身處紅塵，而不為紅塵所苦。

曾經有個主辦單位，請我去演講。負責聯絡的同仁跟我介紹，這一系列演講的主題，都是環繞著「年輕的夢想」，他請我自訂一個跟「年輕的夢想」有關的題目，以便在海報上宣傳。

我請教他，若以活動規劃設計來看，希望吸引年齡層大約幾歲的聽眾？他回答說：「以上班族為主。」我情不自禁地跟他說：「我能不能談一些比較實務面的東西，而不要只是在夢想打轉。」

經過一番溝通，他同意我演講的主題設定為：「創造工作的價值」。並且恍然大悟地說：「吳大哥，今後我會很謹慎地使用『夢想』這兩個字。」

其實，「夢想」不是問題。愈是年紀小的孩子，對自己或人類的未來，愈是應該有天馬行空的想法，不需要被侷限。

但是，如果已經成年了，尚未積極地找出自己人生的方向，又不願從基層做起，踏實地學習一技之長或累積專業的經驗，而只是一味地空談夢想，是很危險的事。

最近幾年，台灣乃至全世界都普遍籠罩在「經濟不景氣」的窘境，為了擺脫經濟成長趨緩、甚至衰退的困境，許多媒體刻意討好年輕的閱聽大眾，誇張地大打「夢想」牌，於是出現很多不切實際的念頭與行動，不但沒有幫助當事人找到自己的方向，對社會整體也不見得是好事。

其中最明顯的一個風潮，是不分青紅皂白地鼓勵個人創業，甚至出現「擺

顛倒：以假為真；把真當假。

夢想：妄想。

地攤都比上班好」的論調。

有些大學畢業生，不肯屈就起薪低的工作，寧願蹲在家裡啃老，也不願意出社會去歷練。整體失業率攀升，企業卻面臨找不到人才的困境。這些怪現象，可能都與過度強調「夢想」有關。

與其空談「夢想」，不如從「理想」開始

懷抱夢想，是件好事。但它最好能夠符合本身志趣，而不是人云亦云；如果可以訂下具體的實行計畫，成果還能利他，就會更有影響力。

富邦文教基金會董事陳藹玲小姐投身公益多年，鼓勵青少年築夢，舉辦「圓夢計畫」徵選有潛力的案件。

曾經有一年，她感慨地與我分享：「從徵件過程中，看到有些孩子的夢想不夠寬闊、也不夠有規模。既無法預見對未來的影響力，也沒有大膽描繪出更

好的明天。」她觀察到某些青少年提出的圓夢計畫，其中有部分內容不夠有前瞻性，而且同質性相當高，很多都是「騎車環島台灣」、「我要當歌手」，可見孩子們的視野，已經被媒體報導所限制。

後來在富邦文教基金會的努力之下，由總幹事親自帶領團隊下鄉，禮聘專業的導師，以小型工作坊的形式，帶領國中、高中同學動手實作，無論是拍攝影片或社區營造，都獲得很好的成效。

與其空談不切實際的「夢想」，不如腳踏實地從「理想」開始。以「理想」取代「夢想」，只要有行動力，就能出發。

而「夢想」與「理想」最大的差別是：你不再只是為前途發展擔憂而睡不著覺時，隨便在枕頭邊想一想，也不是「白日夢」似的突發奇想。而是落實地規劃自己的人生，盡力發揮專長，改進缺點，把上天賦予的能力與使命，發揮在別人需要的地方，淋漓盡致地貢獻出來。

顛倒夢想：例如期待青春永駐、花開不落、緣起不滅，都是不符合無常真理的妄想。

接納，眼前所有的遭遇，當下，就是心的道場

《心經》中「遠離顛倒夢想，究竟涅槃」這句經文所講的「顛倒夢想」，不只是提醒大家對生涯規劃，要有中肯實際的想法而已；也泛指眾生容易把虛幻當真，追求不可能的存在。

例如：無止境地想要應用醫美技術，讓自己青春永駐；不運動、不養生、不重視均衡飲食，卻期待自己永保健康；丈夫不幫忙做家事、不體貼太太，賺點錢拿回家，就希望家庭幸福；以為佔有一個人，控制他一定要愛我到

老，絕不能變心，就是感情的保障……這些都是不切實際的幻想。

人生中最該遠離的顛倒夢想，就是：貪戀著青春、不願接受病老；依賴著快樂、不願承擔痛苦；被恐懼宰制，不願付出大愛。

當你可以做到「遠離顛倒夢想」，願意接受病老、不貪戀著青春；願意承擔痛苦、不依賴著快樂；願付出大愛，不被恐懼宰制，就有機會進入寂靜不受煩惱所擾的境界，這就是「究竟涅槃」的意思。

佛光山的星雲法師講解《心經》時說：「煩惱即菩提；生死即涅槃。」我對這句話的體會是：生命的最高境界，是不再「貪生怕死」、「患得患失」，自在身處紅塵，而不為紅塵所苦。

因為所有基於妄念或幻想而設定的目的地，都會變成是生命中無法抵達的遠方。一如逃避現實的人，總會風塵僕僕於漫漫長路。當下，就是心的道場。既然沒有你真正想去的地方，也就沒有到達不了的所在。

靜心，所有的煩惱皆寂滅

最大的狂喜，存在於最深的靜心之中；
透過心去超越六感，讓自己全然地敞開，與天地合一。

慈悲地帶著自己的心，遠離幻相；覺察你的呼吸、你的意念、你所經歷的人事物，以及你人生風景的種種畫面。

那些人生旅途中的峰迴路轉，或許曾經驚心動魄，或許已經平靜如水。每個轉彎的地方，都有當時做出的選擇與決定。除了邏輯層面的起承轉合之外，最能感動自己的，還是當時的初衷。

能夠莫忘初衷，就要覺察自己的每一個起心動念。否則，你說出的、所想的、所愛的、所恨的，就不是你的觀點，而是你的盲點。

千古以來，多少成道者、哲學家、藝術家，為了覺察自己的起心動念，曾經做過各式各樣的努力。而他們最後有志一同地發現，最有效的覺察方法都是：靜心！

無論身處市區車水馬龍、喧鬧嘈雜的環境，或山中杳無人煙、雲深水窮的角落，為的都是讓自己的心能夠靜下來。很多人長期修行，透過打坐、禪修，讓自己保持定靜，就是要覺察自己的起心動念。甚至，到達另一個境界：讓自己不再隨著外境的干擾，而輕易地動搖心念。

剛開始練習靜心，很容易被自己千迴百轉的念頭干擾；但只要完全地隨順，不要刻意排斥它，任由它來去自如，它就不會停留太久。

究竟：完全、徹底地明白或抵達極致。

涅槃：梵文為Nirvana。寂滅，止息。或圓滿完美的寂靜。

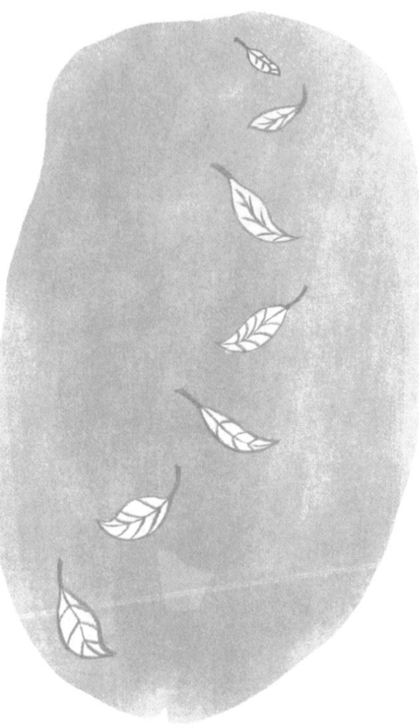

唯有靜下心來，

才會洞悉眼前的一切

我在廣播節目中訪問曾經得到奧斯卡、金馬獎等榮耀的藝術創作家葉錦添老師，他從事許多電影、舞台劇等布景與服裝的設計，卻不經意地在他的文字作品中流露出很深沉的一種企圖，想要捕捉「靜止」的意念。

他在節目中對我和聽眾說：「當你動的時候，什麼都看不清楚；唯有靜下來的時候，才會洞悉眼前的一切。」

靜下來。有時候，是先停止所有的動作，才能讓心定靜下來。有時候，是讓心先定靜下來，一切無謂的動作就跟著停止。

修行領域的大師奧修，強調的是：靜心。或許，環境嘈雜、充滿誘惑，你並不需要特別地壓抑、克制，甚至自我虐待，但只要你的心可以安靜下來，就能徹底地覺察。而最大的狂喜，就存在於最深的靜心之中。

這就是無盡的止息。

讓自己處於最安靜的狀態，才可能發現最豐富的內涵。就像是唯有最安靜的時候，你才能聽見最真實的心聲。它安靜到沒有任何分貝可以被測出，而你卻可以清晰地辨識每一個起心動念。這就是很高層次的覺察，聽見自己的心聲。

究竟涅槃：

終極地解脫、徹底地到達，停留在永恆的喜悅中。

定靜，是智慧的源頭。自我的覺察，到了這個層次，已經超乎視覺、聽覺、感覺，而是透過心去超越六感，讓自己全然地敞開，與天地合一。

生命看似「有始有終」；
其實是「無始無終」

《心經》經文中的「究竟涅槃」，是指當所有煩惱都已寂滅，生死不再輪迴，終於得到最大的解脫、永恆的喜悅。

胡蘭成先生在他著作的《心經隨喜》（如果出版）提到：「涅槃」是如數學的「零」一樣，相當於中國的「太極」，進入「涅槃」亦可說是太極修行。零是數學之始，太極與涅槃皆是萬法之始，是空的存在，是無限的存在，無限的蘊涵。

他說：佛的辭世，是涅槃；佛的誕生，也是涅槃。生死如一。

而我在《心經》讀到「究竟涅槃」，相對於前面段落中的「不生不滅」，發現：在「〇」這個大型的宇宙圓輪中，既是「有始有終」，也是「無始無終」。生命看似「有始有終」，其實是「無始無終」。涅槃，和輪迴，也沒有不同了。

自我覺察的功課，是無窮無盡的。即使已經從「自覺」、「覺他」，到「覺滿」（覺智圓滿）而成佛，達到完美覺悟的境界，還是願意悲憫眾生，一次一次地重返人間，和眾生一起學習。

乘願歸來。從心開始，也重新開始。

人人皆可成菩薩

無論修行的程度再高，凡人畢竟是凡人，或許某些人具備短暫的特異功能，但絕對無法和諸神相提並論。若是真正已經修行成佛，必定不會以此炫耀。

幾位親近的朋友知道我體質相當敏感，直覺很準，常有特別的感應。隨著他們熱中於靈修的腳步，我也有機會被介紹給幾位號稱修行很高、法力很強的「上師」認識。包括：宗教界、靈學界，或被歸類於怪力亂神一派的神壇等。我很尊敬這些「上師」對自己修行的投入，但也很用心去分辨，想看出他們彼此有什麼的不同。

雖然我無法準確判斷他們的法力有多強，但可以用是否足夠「慈悲」，來區分他們對人類的貢獻。

無論哪一個宗教信仰、靈修團體、修行派別，只要強調「愛」與「寬恕」，以「慈悲」為最高原則的「上師」，我都認為他們確有值得學習的地方；相對地，有些「上師」喜歡以批評別人的方式，來抬升自己的地位；以嚇唬信眾的方式，來逼迫他們聽話就範；以經商牟利的方式，來達成自己物質的欲求……我對他們的態度，就會變得很保留。

我並不是說，這些被稱為或自稱為「上師」的修行者，不能以課程、活動或其他產品對民眾收費。畢竟他們即使擁有部分超能力，但也是凡人，也要生存，他們付出不凡的天賦，幫世人點迷津，應該要得到相對應的報酬。而且，有些價格合理的開運小物，確實具備撫慰人心的作用。但是，如果本身並沒有真正的能力，純粹靠騙術詐財，就很不道德了。

還有一種可以歸類為「微詐騙」的大師，也要小心提防。他本身的修養或道行是否足夠，在此就不予置評了，畢竟「不輕易評論他人」，是我們學習靈性課程最基本的功課，但需要留意的現象是：他們一開始會以「免費」的方式提供服務，一旦引君入甕之後，就很技巧地要信眾自動掏錢供奉，而且是藉由各種名目愈要愈多。如果你遇見這一類型的「上師」，就要仔細觀察與斟酌，以免一時興起的贊助，事後變成受騙上當的不樂之捐。

江湖術士，才會裝神弄鬼；正派信仰，絕對不會刻意強調靈通

尤其是那種自稱為是哪個神尊下凡，或本身就是神尊化身的「上師」，我立刻敬而遠之。無論修行的程度再高，凡人畢竟是凡人，或許某些人具備短暫的特異功能，但絕對無法和諸神相提並論。若是真正已經修行成佛，想來不會以此炫耀。他若刻意要這麼做，必定有隱藏的不良動機。

曾經我有一度很相信某個道場的執事，因為他自稱是某位天神下凡，而且

總能很準確地說出某些我已經知道或未知的事情。每當我跟好友陳述這些驚奇的經驗，好友都再三提醒我：「正信佛教，絕對不會刻意強調靈通。」讓她澆了幾盆冷水，確實有助於我的清醒。

某天，這位執事找我去商量一件事情，原來是想要找我認識的企業家來募款，他問我要怎樣才能說服對方，願意提供更多的贊助經費。我如實地說出自己的建議後，心底不免一涼。想說：「他若真有神通，自然會盤算出企業家贊助的意願，怎會問我這麼粗淺的事？」後來，我漸漸從他急於擴充道場的私人目的，看出他並非真的是天神下凡，就不再接觸他。

幾年前，因為顧問工作之便，認識一位來自南台灣某民俗信仰宮廟的老師，表面上待人謙和有禮，他卻在私下聊天時，知道我方團隊中某個同事，擁有其他公益方面的資源，就想盡辦法從她下手，希望能夠撈些好處。

他的手法是守株待兔，利用這位同事連續碰到衰事，又因婆媳問題而婚姻不穩，感覺運勢比較低落的機會，刻意營造神鬼之說，幫她作法以消災解厄。一邊幫忙，一邊露出馬腳，要求她用公益的資源幫他做很多推廣個人形象的活

三世：過去世、現在世、未來世。諸佛：泛指三世、十方所有千佛。

動。直到被她的主管發現，很多活動都是假公濟私，這位老師才停手。

每當我想到這位老師和善的面具下，竟掩藏著如此貪婪的嘴臉，就會提醒自己在靈性學習的路上，一定要確保自己走在正確的道路上，慎防被怪力亂神誘導，而誤入歧途。

人人都可以是菩薩，眾菩薩也可以成諸佛

這一路跌跌撞撞地走來，我很慶幸自己經歷過一些「不是的」，因此學會辨識「是的」，而且還有機會受教於法鼓山聖嚴師父門下，跟隨他學習過一段時間，獲得十分珍貴的收穫，一生都受用。還有幸由他親自幫我主持皈依，這是一份厚重的慈愛，除了讓我深深感恩之外，更是日日修身的提醒。

台灣佛教界的幾位大師，像是佛光山的星雲法師、慈濟的證嚴法師、靈鷲山的心道法師，都擁有很多信眾，同樣值得尊敬。

或許他們的修行與授業，各有不同法門，但他們都有共同的特質：克己修持，慈悲利他。等同於菩薩的精神，很值得我們效法學習。

有些宗教的道場，都會很慈悲地尊稱「信眾」為「菩薩」，其實這並不是過譽之詞，而是一種溫柔的策勉。要我們時時刻刻記住自己的本性，以愛與慈悲對待每一個人。

那到底要如何辨識真正的菩薩？怎樣的智慧才算成佛？

《心經》裡的「三世諸佛，依般若波羅蜜多故，得阿耨多羅三藐三菩提。」是指三世（過去世、現在世、未來世）、十方（即四方，東、西、南、北），一切佛。從宇宙形成以來，已經有千佛來到世間教化眾生，他們現世時或許有不同的名號、形象，但共同的特質是已經到達「自覺」、「覺他」、「覺滿」的境界。

「菩提薩埵，依般若波羅蜜多故，心無罣礙。無罣礙故，無有恐怖，遠離

過去佛：迦葉諸佛；
現在佛：釋迦摩尼佛；
未來佛：彌勒佛。

顛倒夢想，究竟涅槃。」講的是菩薩的修養方式，可以說是「因」；「三世諸佛，依般若波羅蜜多故，得阿耨多羅三藐三菩提。」展現的是諸佛體驗空無而致圓滿的修行成果。

「阿耨多羅三藐三菩提」是無上正知的覺智，也是眾菩薩修練成佛的最高成果，更可以是世人對佛陀境界的終極體悟。

「三世諸佛，依般若波羅蜜多故，得阿耨多羅三藐三菩提。」是《心經》本文，也就是「正宗分」的最後一句，可以算是一個段落的結語，也是一個對讀經者的重要期望或提醒，要大家學習諸佛的智慧與慈悲，人人都可以是菩薩，眾菩薩也可以成諸佛。

我常想：台灣寶島，因為民眾能夠包容各種不同的宗教信仰，而成為諸神相聚的地方。這是最幸福的所在，也是我們跟神最接近的地方，一定要好好修行自己，成為有情的覺者。

三世諸佛，
依般若波羅蜜多故

為服務別人，而精進自己

對自己的付出，可以「求好」；對別人的期待，不能「討好」。真正的慈悲是：不為自己煩惱；也不替對方擔憂。

仔細留意《心經》的經文，除了發現「無」這個字很頻繁地出現二十一次之外，「般若波羅蜜多」這個詞在各段落中也經常出現，總共提到三次，每個段落提到的時候，雖然都是代表「以最崇高無上的智慧，到達沒有煩惱、不生不滅的彼岸」的意思，但有不同層次的意義。

第一次的「般若波羅蜜多」出現在「觀自在菩薩，行深般若波羅蜜多時」，是要勉勵眾生從人生觀的角度，強調以「五蘊皆空」而自覺；第二次的「般若波羅蜜多」出現在「菩提薩埵，依般若波羅蜜多故」，是菩薩修行的方式，可以得到「究竟涅槃」的證悟之果；第三次的「般若波羅蜜多」出現在「三世諸佛，依般若波羅蜜多故」，是佛陀的修持，以「得阿耨多羅三藐三菩提」為最終的境界。

從「自覺」，進而「覺他」，到「覺滿」，眾生以覺察的修練成為菩薩，最後到達成佛的境界。也是我在公開演講及成長課程中常提到的「探索自己」、「找到自我」、「放下我執」的三個階段。

幾位研究佛教義理的朋友，常以類似「相對論」的角度，談論「自己」與「別人」的意義。有一派觀點說，除了「我」是真實的，其他都是虛幻。另一派觀點則說，除了「我」是虛幻的，其他都是真實的。

累積多年來對於靈性的學習，我已經不會輕易落入「二元性」對立的陷阱，去評論何者為是？何者為非？

般若：不同於一般聰明算計的大智慧。

因為，即使是「我」，也有很多不同的定義與層次。膽小的是我；勇敢的也是我。節儉的是我；慷慨的也是我。容易記恨的是我；願意原諒的也是我。每個自我，很可能是相對於另一個不同的對象而存在。

「甘願做，歡喜受！」才是最慈悲的付出

讓自己透過覺察而自在，這是自己本然的存在。有了具體的自我意識後，接著必須同理別人的需要，關心別人的處境，進而願意為別人付出。不受限於自我的本位立場，才能圓滿整個人生。

付出真心的祕訣，其實就是：既不是刻意為別人而活，也不是自私自利。固然生命有多少意義，要看你對世人創造多少價值。但這種付出，是靠著天賦的才能及熱情去幫助需要的人，而不是狹義的那種「為別人犧牲」。

對自己的付出，可以「求好」；對別人的期待，不能「討好」。真正的

慈悲是：不為自己煩惱；也不替對方擔憂。此時，從「此岸」到「彼岸」的自己，就能夠從人際相處的煩惱中解脫，不計得失、無懼毀譽，盡己之力去利他助人。就像像慈濟上人證嚴法師說的「甘願做，歡喜受！」，這句話乍聽之下，是多麼溫柔的叮嚀，又是多麼深重的惕勵。

願意無條件地為別人付出，並不覺得自己有任何犧牲或委屈，這樣的付出才是最自在的、也最慈悲的。

若是在付出後，一定要看到別人滿意的笑容，才覺得自己有價值，這已經被自己期待的結果所困。即使你所期待的，並非對方的感謝，內心受限的程度並沒差別。

另一種人因為無所期待，就不願意替別人付出，專注於讓自己變得更好，這種心態容易陷入無止境的自私、自戀與自傲。若只願意對自己好，完全無視於別人的需要，失去付出與分享意願與能力，就無異自絕於人世。

波羅：彼岸、對岸，含有解脫的意義。蜜多：到達。

因為時刻「覺察」而體認「空無」，是很高的境界

當你愛一個人，過程中都能一直保持高度的覺察，看見彼此靈性療癒的需要，和相互釋放善意的效果，就會感恩真愛的存在，不會因為兩人是否繼續在一起、他有沒有變心離開，而片面地去評斷愛的真假。

一棵樹、一隻鳥、一朵雲，都是獨立自然的存在。它們各有不同顏色、長相，不會有「你怎麼會是這個顏色？」的問題。有一天，樹倒下了、鳥飛走了、雲飄去了，也都不會影響它曾經存在過的事實。

每當「我是誰？」這個問題在心中升起的時刻，就是當下覺察自己最好的開始。

「我是佛。」這個答案，既是期許、也是祝福。

終有一個時刻到來，你會發現：它也是一個事實。而在這個當下，「有我」和「無我」都已經不重要了。因為時刻「覺察」而體認「空無」，是很高

的境界。

就像很多低調行善的人，主動捨棄自己的榮華富貴，默默地全心付出給社會，忘了自己的得失榮辱，而別人也未必認識他、記得他，他依然感覺幸福快樂，這就是一種難能可貴的慈悲。

願意為了服務別人，而不斷精進自己。直到有一天，忘了精進自己是為了服務別人，沒有特別的目的、沒有刻意的作為，一切都是那麼自然而美好！

般若波羅蜜多：
解脫煩惱以超越生死，抵達彼岸的大智慧。

禮敬每一個人

所有至高無上的智慧，都是要從最基本的工夫入門。修行也是一樣的。不妨先回到家庭，從孝敬父母、友愛兄弟姊妹開始。

在漢傳佛教界流傳甚廣的《心經》，是唐代玄奘大師西行到引渡取經十七年後，回到長安所翻譯的版本。

為了能夠更廣為流傳，他直接切入正題，雖然只有短短的二百六十個字，卻因為文字優美、音韻有律，而成為後代接觸佛教的入門必讀經典。

如之前所述，後人對一開始切入主題的「觀自在菩薩」有兩種解釋：一是直指觀世音菩薩；二是泛指所有已經覺悟的、有情的、慈悲的任何菩薩，只要是已經達到「自在」境界的菩薩，都含括在內。

無論是哪一種解釋，對所有讀經的人來說，都是一種勉勵與提醒。「觀自在菩薩」是一個學習的典範，也是一種修行的境界。因為，能夠覺悟、有情，是所有佛教徒追求的最終理想。

起初剛開始誦讀《心經》時，我並沒有深入研究，也就難以體會這個意義。後來連續仔細拜讀幾本佛學前輩或宗教界大師針對《心經》所注釋的作品，逐漸體會到略本《心經》從「觀自在菩薩」為起始的意義，我能深刻地感悟到，那既是尊敬讚嘆、也是感恩祝福。

稱呼對方時謙卑的覺察，
讓我們更懂得禮敬彼此

阿耨多羅三藐三菩提：
梵文為anuttara-samyak-sambodhi。

尊敬讚嘆觀世音聞聲救苦、無限慈悲的精神，同時也因為感恩而祝福每一個有心學習覺悟的人，在不斷學習「自覺」與「覺他」的進行式中，終能從惜生怕死的此岸，抵達不生不滅的彼岸。

以至於《心經》架構中，屬於「正宗分」（主體的本文）最末一句「得阿耨多羅三藐三菩提」，是說從菩薩到成佛，獲得至高無上的智慧，不但自己解脫於生死煩惱，也幫助有情眾生覺悟，這就到了「覺滿」的境界。

後來我讀《心經》時，無論是「觀自在菩薩」，或是沒有特定指名的「三世諸佛」，既是讚嘆、呼喚，也是祝福、感恩。這點小小的啟示，也足以讓我在生活中重新學習到截然不同的感動。

每次稱喚不同對象的名字或稱謂時，若都能懷抱讚嘆、呼喚、祝福與感恩的心情，因為每次稱呼對方時謙卑的覺察，而讓我們懂得禮敬彼此，所有的關係將變得溫柔可親。

我想到，每個人在家中，都會叫喚父母、子女或伴侶，出門在外，也會稱呼朋友、同事、老師、主管的大名。

不妨提醒自己喊出「老爸」、「老媽」、「老公」、「老婆」、「寶貝」……時，要真誠地珍惜這美好的一刻、發自內心地給對方讚嘆與祝福。

深受演藝圈多位藝人重視與敬仰的泰國白龍王已經過世，留下很多勸世的箴言給大家。其中有兩則是：「拜神求平安，回家卻和父母頂嘴，要怎樣得到平安？」「父母才是真神，對父母比神好一點，一切便順順利利。」

敬呼對方的稱謂，也是召喚祝福的方式

《心經》中這句「阿耨多羅三藐三菩提」，是音譯，不是意譯。這句話可以拆解成「阿耨多羅」、「三藐」、「三菩提」等三個部分。「阿耨多羅」是至高無上的意思；「三藐」是完全、徹底、全面的；「三菩提」是正菩提。這

> 阿耨多羅三藐三菩提：
> 可以斷句為阿耨多羅、三藐、三菩提，是指一切真理的無上至高智慧。

裡的三，純粹是音譯，不代表數字。

雖然如此，但我在後續超過上百場的課程中，都會與學員分享「三」這個字，在華文世界裡，也常有「次數多」與「完成」的意味。例如：「孟母三遷」「無三不成禮」「舉一反三」等。所以，在這裡用「三」的音譯，同時又附帶著文字本身意義，可以看出玄奘大師在翻譯時的用心與功力。

然而要到達「阿耨多羅三藐三菩提」，必須先認清：所有至高無上的智慧，都是要從最基本的功夫入門。修行，也是一樣的。不要心急，也不要好高騖遠。

有句勸勉世人改過向善的俗話說：「放下屠刀；立地成佛！」這固然是一種令人嚮往的轉變，但若是才剛開始修行，就不要只想著立地成佛，或奢望著立刻成佛。

從有自覺意識地懺悔改過開始，決心放下傷害自己和別人的屠刀之後，不妨先回到家庭，從孝敬父母、友愛兄弟姊妹開始，再慢慢往「成佛」的路上前行。這並不是說，沒有「頓悟」的可能，而是彼此勉勵，無論是期許自己有所進步，或盼望他人做出改變，都要更有耐性。

而最基本的做法，就是從禮敬每一個人開始。

我一直相信，敬呼對方的稱謂，也是召喚祝福的方式。如果我們對父母的孝道，也能從稱呼的禮敬開始，就是在忙碌生活中，給自己盡孝、行孝最好的提醒。

敬愛父母，有如敬神。這不但是修行的基礎，也是禮敬天地的具體表徵。一個連自己父母都無法好好敬愛的人，生命一定經過很多坎坷，內心需要修補的缺損和傷痕，是非常巨大、而且深刻的。

於是，我們必須回到最初「自覺」的階段，重新學習認識自己，原諒父母，化解成長的心結，才能真正學會同理，重獲慈悲。

阿耨多羅：
無可超越，至高無上。

愛是最美的稱呼

名字很重要，但有時候若太斤斤計較，就未必好。因為，知道自己是誰、自己在做什麼，遠比別人想要怎麼稱呼、如何評價，還要重要。

《心經》的「得阿耨多羅三藐三菩提」，是指至高無上的佛陀智慧，是最崇高、無可超越的正覺。這裡的「三藐」指的是完全、徹底、全面的意思，既是最頂級的，也是毫無保留，更是不容置疑的。很難用世間的某個人、或任何的事物來比擬，唯一可以用來譬喻的，應該是「愛」吧！尤其是來自諸神的慈悲，就是這樣無懈可擊的境界。

我在授課的時候，很多學員問我：「菩薩和佛的差別是什麼？」其實我剛開始學習佛法的時候，也問過法師同樣的問題。可能是那位法師為了讓我比較容易入門，所以沒有特別深入去強調修持境界的差異。只是簡單地解釋說：「菩薩」是還在追求慈悲與智慧，佛是已經完成慈悲和智慧的結合。

《心經》以「觀自在菩薩」開始，就是要以「觀世音菩薩」的慈悲，勉勵眾生都可以成佛的意思。

「觀世音菩薩」也有人稱呼為「觀音菩薩」。傳說中有一個脈絡是：「觀世音菩薩」之所以被改稱為「觀音菩薩」，是為了避諱唐朝創業皇帝李世民的名字中間有個「世」字，所以「觀世音菩薩」簡稱為「觀音菩薩」。

另一種傳說，則指出「觀世音菩薩」和「觀音菩薩」的一字之差，純粹是因為言語翻譯上的緣故。如果採信第一種說法，就是凡人為了世俗的禮教，將天上的神祇改名。我猜想，神明自己是不在意的。以「觀世音菩薩」的慈悲為懷的大愛來看，祂不會計較有沒有多個「世」字。信眾如果真的愛祂，也不會

三，是音譯，不必解釋。藐，是指：完全真實、徹底正確。

計較祂的聖號是「觀自在菩薩」、「觀音菩薩」，或「觀世音菩薩」。

充滿慈悲的佛，並不介意眾生如何稱呼，祂還是愛護眾生。

千佛無以數計，前來教化眾生，所有的稱謂，都是給世界的祝福

我們討論《心經》，雖然會特別著墨於「觀自在菩薩」的解說，但其實佛陀對舍利子講授時，還提到「三世諸佛」。以佛教的教義來看，無限的時空中應該有無以數計的千佛出現，前來教化眾生。從佛教文獻上記載的神佛，有很多不同的稱謂，眾生不見得能夠完全記得清楚，很多信眾在祈禱的時候，也都以「神明啊！」籠統帶過。但我相信，所有的稱謂，都是給世界的祝福。

愛，是最美的稱呼。相較之下，現代人對自己的名字很在意。還有很多人因為自己人生目標不清、努力不夠，或某些因緣未俱足，卻怪爸媽沒有取好名字，主動找命理師改名字。這些被主人改過的名字，很容易因為用字特殊而

被辨識出來。自認命中缺金的，改過的名字中，大概兩個字都是以「金」為部首。若是命中缺水的，「水」的部首或元素，就會出現在新的名字裡。

我還滿喜歡自己的名字，特別感謝博學多聞的父親，給我取了這個重複率算是很低的名字，讓它具有令人印象深刻的獨特性。而且，我覺得自己的名字，剛柔並濟，跟我的個性很像，兼具感性與理性。

「權」代表：服務眾生的能力，必須要承擔責任

幾年前，我在聖嚴法師的主持下正式皈依，師父幫我取的法名為「常權」，他說「權」指的是服務眾生的能力。對我來說，是很大的責任和勉勵。名字很重要，但有時候若太斤斤計較，就未必好。

回想起剛退伍那年，我開始找工作，曾經到一家台灣知名的電腦公司應徵，我對這家公司的CEO印象很深刻。面談完畢，他正打算簽署正式的聘

書，手不斷捻著嘴邊的幾根鬍鬚，對我說：「我們行銷部門的主管，英文名也叫做Eric，你願不願意改名，不要叫做Eric？」

有人為求改運而想改中文名，我能理解；但沒想到竟有主管會因為公司有人和我同名而要我改英文名。我當時感覺有點詫異，但沒有直接回絕，只答應回去考慮。事後想想，覺得這家公司不是很尊重同仁，哪有這樣輕率地要求員工改名，於是便婉謝了這份工作。

連是非對錯都放下，才是真正的解脫

事隔多年，我沒有後悔自己當時的決定。後來，我歷練到幾家外商電腦公司，對照下更加堅定當時的決定是正確的，即使有人跟我的英文名字相同，還是可以用其他方式辨識，例如：加上姓氏，或是以年紀或年資為依據，改稱「大Eric」、「小Eric」，沒有必要把本來已經用很多年的英文名字改掉。直到現在還有同事會叫我「小Eric」或簡稱「小艾」，仍感覺很親切呢！

但這麼多年過去，談起這件事，我的內心已經相當平靜，沒有任何情緒。連「認為自己當時的堅持是對的」，也沒有那麼自以為是的肯定。或許，根本不必為這樣英文名字的稱呼問題而與對方斤斤計較吧！即使我明明知道，當時所計較的並不是英文名字該怎麼叫，而是覺得自己不被尊重的委屈。

這個心念的轉變，應該是來自我在靈性成長方面很關鍵的學習——必須要連「是非對錯」等二元對立的標籤都完全放下，才是真正的解脫！而其中深具意義的省思是：我已經能夠放下「被尊重」或「不被尊重」的問題。

當我們可以往內心覺察，知道自己是誰、自己在做什麼，一切若是基於愛與信任，就不必介意別人想要怎麼稱呼、怎麼評價。

因為知道自己是誰、自己在做什麼，也很明白如何發揮自己的天賦以利益眾生。這時候，別說是對方要怎麼稱呼，連世俗的任何毀譽都已經不重要。

阿耨多羅三藐三菩提：佛陀所覺悟的智慧，也稱為「正覺」。

給自己最深的祝福

相信自己，認為無論遭遇多麼糟的困境，都可以努力找到突破難關的方法。祝福自己，只要心存善念，就能吸引更多的好運上門。這就是最基本的慈悲。

有位認識超過二十年的老友，很跟得上潮流。他的本名很不錯，卻為了改運而改名。而且改過的名字，字形很特別、又不容易發音。

除非名字的諧音或字意涉及不雅的聯想，否則我並不特別鼓勵改名。但如果朋友間有人為了改運而改名，我還是給予最深的祝福。而且，我身體力行的方式，就是盡一切努力，真心誠懇地稱呼對方新的名字，讓他感受自己真的已經不同。

大多數彼此熟悉多年的好友，都依然稱呼他的本名，認為這樣比較習慣。我卻很努力地提醒自己，每次叫他時都要用他改過的新名字，幫助他記得自己已經重獲新生，擁有全新的運勢。

之前曾經在搭計程車時，碰到一位女性駕駛，她自稱是我的粉絲，不但閱讀我的出版作品，還天天收聽我主持的廣播節目。

聊了幾句，相談甚歡。我無意間瀏覽到她的營業登記證，發現她的名字中間是「譯」字，因為這個字比較少出現在女生的名字裡，我很直覺地問她：「妳改過名字？」

瞬間，她紅了雙眼，開始說起命運多舛的前半生，整條路上，哭哭啼啼。

像是天外飛來一筆，我居然命理師上身似的，對她解說：「命理老師建議妳改這個名字，『譯』這個字裡，有『言』、有『目』，有『幸』，就是要妳多講、多看幸福的事情。因此，妳每天所言、所見，都要跟幸福有關。請妳一定要停止負面思考，樂觀看人生。」

當我說完，她立刻停止眼淚，露出微笑說：「吳老師，你真懂我。」

停止自怨自艾、自苦自憐，時時祝福自己

我們都期待別人懂得，尤其聽到陌生人隨口的安慰與祝福，總很容易因此莫名感動。但我們很少問：「我了解自己、懂自己嗎？」

既然為了改運，積極去改名字，花了心力、時間和金錢，就要記得渴望得到好運的初衷。唯有停止自怨自艾、自苦自憐，時時祝福自己，改過名字之後，才會產生改運的效果。

伴隨在自己名字中的心念，就是你給自己最好的禮物。光是改名字還不夠，還要改掉不好的個性、改掉負面想法，才會擁有新的運勢。

喜歡自己，包括喜歡自己的名字；滿意自己，就算明明知道有些無傷大雅

的缺點；相信自己，認為無論遭遇多麼糟的困境，都可以努力找到突破難關的方法；祝福自己，只要心存善念，就能吸引更多的好運上門。這就是一種最基本的慈悲。

對內在的自己同理，是慈悲的開始。哪怕是看起來有點卑微，卻是愛自己的一種必要。當你覺得天下人都背棄你時，你更要愛惜自己。

等你學會真正地愛惜自己，就會發現當時很可能是自己忘了轉身面對別人，而不是別人背棄了你。

以願意祝福自己，做為修行的開始

《心經》中所謂「得阿耨多羅三藐三菩提」，就是獲致最高至上、無可超

菩提：「覺悟」或「成道」的意思，憑藉不昧於生死輪迴的智慧而覺悟。

越的，解脫生死煩惱的大智慧。經文到這邊，已經是主體（也就是佛經架構中的正文）的最後一句，它其實從一開始的「人類觀」、「宇宙觀」、「世間人生觀」循序漸進地闡述「自性皆空」的義理，進而到「菩薩的境界」，最終修練成佛。「得阿耨多羅三藐三菩提」可以說是佛陀的終極證悟。

以此連結到我從《心經》學習到的人生道理，也就是「愛對自己」的這個主題，並應用美國知名成功學大師史蒂芬・柯維（Stephen Covey）於一九八九年所推出的經典著作《與成功有約》（The 7 Habits of Highly Effective

People），書中所提出的「高效人士七習慣」之一的「以終為始」原則，以「得阿耨多羅三藐三菩提」策勉自己，但不要因為這個目標過於崇高，就認為自己一定達不到。至少，從喜歡自己、肯定自己，並以願意祝福自己，做為修行的開始。

喜歡自己、肯定自己，並且願意祝福自己，積極地體認「無常」，就是人生本來的樣貌。聖嚴法師說過：「人生無常，才是正常。」所有的喜怒哀樂、愛怨悲歡，都只是暫時的現象，不要因為事情的表象，或曾經被別人虧待，而和自己過不去，要學習菩薩的慈悲與佛陀的智慧，給自己最深的祝福，許一個值得幸福的未來。

這種幸福，不是別人可以給你的，卻可以是你給別人的。它不是甜言蜜語，也不是擁抱溫存，而是沒有恐懼的大愛。

阿耨多羅三藐三菩提：含有平等、圓滿的意思，所以也有「正等」的意思。

PART 4

祝福，
和最初的自己相遇

像一葉孤獨的扁舟，
漂泊在茫茫江海中，
要抵達彼岸的堅強信念，
總來自出發時最溫柔的地方，
拋開疑惑、放下憂慮，
用成全每一次相遇的祝福，
美好這個世界。

故知般若波羅蜜多，
是大神咒，是大明咒，
是無上咒，是無等等咒

相信真理是唯一的信念

持咒、誦經究竟有沒有效果？最重要的是真正有心，或是徒然有形？信念，遠大於形式。不要應付上天，更不要應付自己。而且，還要積極去實踐。

《心經》從「故知般若波羅蜜多，是大神咒，是大明咒，是無上咒，是無等等咒。能除一切苦，真實不虛。」這一段開始，在結構上被歸類於「流通分」，也就是「總結論」的意思。主要是再次強調及證明：《心經》是至高無上的修行法門，慈悲深廣、應用普及，而且充滿智慧。

「咒」，是具有特殊神祕力量的口訣，可以用來祈福、消災，或與神明溝通。當然也有旁門左道，拿咒語做傷天害理的事。所以要小心持咒，而且要持正向的咒語，不要存害人之心。

持咒、誦經，一直是佛教修行的重要方式。很多信眾手握佛珠，持之以恆地藉由持咒或誦經，得到內心的平靜。但是否真的有效，除了咒語本身的功能，最重要的還是要看持咒、誦經者本身的信念。

有個小故事說，從前鄉下有個老婦，一輩字都在唸誦「唵嘛呢叭咪吽」以祈禱平安福氣。

某天，有個和尚經過，告訴她：「妳唸錯了一個字。『吽』的發音是『hong』，妳唸成『牛』了。」從此老婦就覺得她白白唸誦了這麼久，前功盡棄。後來，和尚看她這麼難過，回頭跟她說：「其實妳這樣唸也可以。」婦人信心大增，感覺依然有受到神的祝福。

正確持咒，固然重要；但自己有深厚的信心，會是更關鍵的大前提。從前教育不普及的年代，有些民眾不識字，亦能誦經持咒，安頓身心。

咒：具有特殊神奇、且不可思議力量的語句。

持咒、誦經，貴在心誠意正；順應天地，努力實踐

朋友問我，唸咒語招桃花，有效嗎？我想持咒、誦經究竟有沒有效果，最重要的是看真正有心，或是徒具形式而已？信念，遠大於形式。不要應付上天，更不要應付自己。而且，還要積極去實踐。

除了誠意正心、並努力實踐之外，還要看你求的是什麼？如果你持咒、誦經的目的，是為了想要長生不老，這明顯違背自然法則，屬於我們之前講解過的「顛倒夢想」，所以失望的可能比實現的機會高。

《零極限》作者之一，喬・維泰利（Joe Vitale）來台授課時，有學員問她：「唸『對不起！』、『謝謝你！』、『請原諒我！』、『我愛你！』這四句話，跟唸『南無阿彌陀佛！』有什麼不一樣？」

喬不愧是全世界進行內在清理最久的人，她是個很溫柔的老師，以慈悲的眼神看著提問的學生回答：「你覺得呢？如果你認為同樣有清理的功效，那你

就用自己的方法清理。」

勤於持咒、誦經最重要的意義，是對自己的叮嚀提醒

我在《向宇宙召喚幸福》（皇冠出版）書中，分享了以下的觀念：

我們並不奢求道路平坦，毫無荊棘，沒有崎嶇，但求可以擁有跨越障礙的勇氣與能力，無論是轉念、轉彎或是轉運，那都正是上天所賜予的、最珍貴的智慧禮物。

很多朋友以持咒、誦經來祈求消災解厄，站在宗教的立場，試著用神的角度來看，或許是有效的訊息溝通方式。但我私下猜想，慈悲的眾神，應該會更希望大眾可以透過自我的覺察與修行，放下執念與煩惱，而不是無論碰到大小

大明咒、無上咒、無等等咒：大明，是指覺悟的智慧；無上，是指無法超越；無等等，是指無與倫比。

事，都去麻煩祂。

所以，勤於持咒、誦經最重要的意義，其實是對自己最溫柔的叮嚀提醒，也因此而成為對自己最好的祝福。

幾年前我住的社區裡有位鄰居，是個獨自生活的老太太，晨昏日夜都坐在樓下門前誦經。她的兒女旅居國外，隻身守著住了幾十年的房舍，鄰里都覺得她是堅強而幸福的老人家。

我觀察她能夠獨立生活，自己料理生活大小事，而且沒有一句怨嘆，是依靠著宗教給予的心靈力量，豐潤了自己對人生的態度。

後來，她年邁生病住院，等不及兒女回來見最後一面，就在醫院往生。鄰居聽起來都覺得悲涼，負責照顧她的印尼籍看護卻說：「老太太臨終的時候，是面帶微笑的。」

能夠在臨終的那一刻微笑，必定是已經看透生死、超越煩惱。當一個人可以用最溫柔的姿態，在旅程的終點告別，這是多麼幸福的事啊。

能除一切苦，
真實不虛

離苦得樂，只在一念之間

想要離苦得樂，就必須改變既有的習氣，從內在開始革新；回到生命的初心，重拾愛的本質。即使仍有煩惱，但不被煩惱所困。

若要說到人生的痛苦，可能有千百萬種樣態，道不盡、訴不完。最難跟別人講清楚的是：自己心底究竟有多苦；而最難了解的卻是：別人的心底到底有多苦。

每個人在身心尚未淨化、靈性尚未進化之前，可以說各有各的痛楚，而這些苦衷都是無法比較，也難分軒輕的。

在進行療癒工作時，我會盡量避免對個案說：「我懂你的苦！」因為聽見這句話時，每個人的感受不同。並非所有的人都會覺得自己被同理，有些人甚至會感覺更孤單，因為他認為自己的苦是很獨特的，是跟別人不一樣的。

而這樣的解讀與想法，並沒有錯！對於深陷痛苦中的人來說，你沒有經歷過我的經歷，憑什麼說你懂我？

關於苦，彷彿是愈會呻吟叫苦的人，愈能夠把苦說得艱辛難熬，但因為花了太多心力在訴苦，而減損改變這個狀態的行動力。所以「苦」的這個經歷，也相當微妙。它可以是幫助成功者的墊腳石，也可能是導致失敗者倒地不起的絆腳石。甘苦，或許只在一線之間，就看你如何看待及面對。

聖嚴法師生前講解《心經》，基於他深厚的佛學基礎，將佛經中的苦厄，概分為幾個類別。

他說，苦可以分為：

1.「生理的苦」，舉凡生老病死，都是苦。2.「心理的苦」，求不得、愛別離，都是苦。3.「五蘊熾盛苦」，只在生死中流轉的苦。

厄，則是來自外在環境的災難。有些是自己不小心造成的人禍；有些則是不可抗力的天災。不過，時至今日，天災人禍有時很難分別。人類不愛護大地，大地反撲人類，這樣的災難發生的頻率，可以說是愈來愈高了。

若要真的能夠幫助自己或別人「度一切苦厄」，一定要從自身做起，積極努力去改變既有的習氣，從內在開始革新，放下對形貌與思維的執著，回到生命的初心，重拾愛的本質，而不是要求外在的條件配合。

離苦得樂的真諦，在於讓心可以從煩惱中解脫。或許那些造成痛苦的原因，依然存在，但是它已經不構成困擾、不會帶來麻煩，沒有負面干擾的能量，心就能解脫，不再煩惱。

學習如何「離苦」，
而不是「抗苦」

我常在講課時強調，人們可以學習的是如何積極努力「離苦」，而不是處心積慮去「抗苦」。

用個很日常生活的比喻來說，如果把心比喻為環境，把煩惱比喻為蟑螂。當你致力於將環境打掃乾淨，就可以遠離蟑螂。

反之，當你忽略保持環境的整潔，卻花很多心力去和蟑螂奮戰，只會聞到更多殺蟑藥水味道，最後看見蟑螂還是經常出沒。更遺憾的是，最後筋疲力竭的你，竟萬千感嘆地說：「唉，蟑螂的生命力超旺盛，打不死的。」

煩惱，有時候就跟蟑螂一樣，你愈是厭煩、害怕、驅趕，你就愈跟它糾纏在一起。你需要做的是：回頭清理自己內在的環境，讓它乾淨整潔，沒有藏汙納垢，蟑螂就不會靠近。

遠離煩惱所需的行動力，並非用身體的力量去帶動，因為身體和煩惱是分不開的。反而應該是要從「靈性」的學習下手，讓「身」、「心」、「靈」和諧，煩惱就起不了作用。

真實不虛：是宇宙最終的真理，保證絕不虛妄。

例如：若是有人長期為病痛所苦，當他能夠真正體會「五蘊皆空」，病痛就不再困擾，他就不會再為病痛所苦，能與疾病自在相處，以這樣的心情去醫治病痛，也會得到比較好的治療效果。

人生的道理，用心愈深，體悟愈多

「能除一切苦，真實不虛。」這句經文，除了再次總結《心經》功能面的結果，也呼應了前面「序分」（也就是「序言」或「導論」）的那句「度一切苦厄」。

最後的「真實不虛」，是說以上所述都是宇宙中存在的真理，無庸置疑。天下沒有不謝的花、不散的宴席；人生無常，就是最恆久的真理。「真實不虛」是最強大有力的保證，也是佛陀對著舍利子講經時，最溫柔可親的提醒。

在紅塵世俗中，很多過來人都會以豐富的實際經驗，告訴尚未經歷人生的年輕朋友，應該留意哪些陷阱、注意哪些事項。有點像是人生旅途的行前導覽，或人生這項產品的使用說明書。但年輕人往往無法虛心接受，非要自己跌跌撞撞，頭破血流，才體會到「不聽老人言，吃虧在眼前！」

然而，《心經》不同於一般老派智者所傳下來的教條，它的內容和口氣，並非「不聽老人言，吃虧在眼前」的那種威嚇，而是耐心地循循善誘，並以簡單扼要的語句娓娓道來，既不囉嗦、也不繁瑣，重點就是那幾項。關於人生的道理，總是用心愈深，體悟愈多。

《心經》提供的哲理，猶如給想要學習靈性開悟者，一項最寶貴的武功祕笈，幸好它從未在江湖中失傳，有心讓自己成長的人，都還學得來、用得到。

故說般若波羅蜜多咒，
即說咒曰：揭諦揭諦，
波羅揭諦，波羅僧揭諦

利己也利他的修行

所有靈性學習，都不只是個人的精進；
而是要陪著我們所愛的人，甚至是陌生人，獲得生命的大智慧。

《心經》的最末段，除了做出「故知般若波羅蜜多，是大神咒，是大明咒，是無上咒，是無等等咒，能除一切苦，真實不虛。」這個總結，也附上祈福的咒語，就是：「揭諦揭諦，波羅揭諦，波羅僧揭諦，菩提薩婆訶。」

根據佛學專家的研究指出：咒語不需翻譯，只需要專注讀音，即可達到祈福的效果。而且有些咒語，無法對應出漢字，或是翻譯後變得過於冗長，反而不好唸誦。

以上說法對於不求甚解的人，或許可以說得過去；但是很多知識份子，對文字總會追根究柢。

為了幫助大家釋疑，還是有幾位前輩將這句咒語的意思，簡單翻譯出來，就是：大家一起鼓舞吧，度向彼岸前往，不需要憑藉任何媒介，讓我們堅定地安住覺悟的境地，進入永恆寂靜的智慧歡喜中而不退轉。彼此祝福！

從這段譯文中，我們可以體會到《心經》是一部非常溫暖的典籍。它從不站在智慧的高點，威脅恐嚇眾生，說你不好好修行就會下地獄。而且，還以「德不孤，必有鄰」式的勉勵，鼓舞眾生共同修行，彼此扶持，既是利己、也是利他。

尤其在今天這樣的時代，個人與個人、種族與種族、國家與國家，連結很深，而且錯綜複雜，沒有一件事情可以用「獨善其身」的心態完成，必須以「兼善天下」的胸懷去推動、去努力，才會有真正的效果。

揭諦：梵文為gate。

就拿環保議題來說，事實證明：一個從東南亞海邊被丟出的寶特瓶，可能漂浮到大西洋，卡進某隻海龜的嘴裡；同樣地，被擱淺在北太平洋的貨船，流出黃色小鴨塑膠玩具，經過十幾年的時間分別漂到冰島和夏威夷等地。沒有人可以置身事外，差別只在於是否覺察？

傳遞善心善念，無遠弗屆；
唯有愛，可以和全宇宙一起共振

善心善念，可以如「蝴蝶效應」般影響全世界。由美國知名牧師威爾．鮑溫發起的「不抱怨」運動，能夠影響全球八十個國家，給六百萬人帶來深刻省思與覺察；而氾濫的毒品也和惡意批評的話語一樣，經過不斷地流傳，傷害更多人的身心。

就像新冠肺炎病毒肆虐全球，沒有人可以置身事外。就算暫時還沒有培養出「兼善天下」的企圖心，但很明顯光是「獨善其身」是一定不夠的。

要讓自己活得好；也要幫助別人活得更好。要讓自己遠離煩惱，也要幫助別人不再受苦。分享財富、知識、勞力或愛心，都是最幸福的布施。

《心經》最末段結論之後所附的咒語：「揭諦揭諦，波羅揭諦，波羅僧揭諦，菩提薩婆訶。」就是邀請眾生，一起來學習菩薩的大智慧，超越煩惱，前往彼岸，經歷自覺、覺他，最終到達「覺滿」，也就是所謂的「覺智圓滿」，這已經是成佛的境界。

所有靈性的學習，都不只是個人的精進，而是要陪著我們所愛的人、甚至是陌生的人，獲得生命的大智慧。

這幾年來，無論我的工作多麼忙碌，同時還要安排時間伴隨病中的母親生活及就醫，我仍然很樂意花時間上課，有時當老師、有時當學生，兩種身分對我來說，都是很好的學習與分享。生命的道路，或許難免孤單，但我深信在前往大愛旅途中，一直有你同行。

揭諦：是「前往」、「到達」，也含有「已完成」的意思。

揭諦揭諦，波羅揭諦，
波羅僧揭諦

從心開始的幸福練習

每一天的修行，就是要找到活著的意義與使命。
要讓自己過得幸福，也要幫助別人得到幸福。

我閱讀過許多不同的《心經》白話譯本，每當讀到最後這段咒語「揭諦揭諦，波羅揭諦」大同小異的翻譯：「去啊，去啊，一起前往彼岸。」時，我的內心都會浮上甜蜜的微笑。這是一部不只是要「獨善其身」自修的指南，還要找志同道合的夥伴一起共修的經典。感覺有點像是在夜間的公園或操場，看一群下班後忙完家事的中年熟女，聚會在一起跳土風舞。當然，我更期待她們的好友和伴侶，也可以一起加入。當周遭的朋友和家人，都可以一起精進修行，彼此無須繁文縟節的語言，就能直通內心靈性的深處。

《達賴喇嘛談心經》（圓神出版）書中，達賴喇嘛對「波羅揭諦」的解釋為：透過直觀，可以見證空性。我反覆思索，所謂的「直觀」，究竟是什麼意思？字面上的說法，是不必透過眼、耳、鼻、舌、身、意的經驗，也不用理性的邏輯，就能直接了悟空性。

若把這種「直觀」的能力，拿到俗世中，作為人處事的判斷，可以說是：

在每個當下，作出不後悔的決定。

每次碰到必須要抉擇的時候，都能有最明心見性的判斷。無論是人生願景或職涯規劃，乃至感情發展，都能夠以敏銳的直覺，在兼顧身心靈和諧的前提下，通往正確的方向。

若以追求財富為人生目標，容易犯了本末倒置的錯誤

比利時《老人》雜誌曾經針對數千名六十歲以上的人們開展主題為「你最後悔什麼？」的意見調查。排名結果顯示：

排序第一，72%的人們後悔年輕時不夠努力，以致事業無成；排序第二，67%的人們後悔選錯職業，沒有從事與自己天賦相符的職業；排序第三，63%的人們後悔對子女教育不夠或方法不當；排序第四，58%的人們後悔沒有重視健康；排序第五，56%的人們後悔對伴侶不夠忠誠；排序第六，47%的人們後悔對雙親不夠盡孝；排序第七，41%的人們後悔錯選婚姻對象，男娶錯妻、女嫁錯郎；排序第八，36%的人們後悔沒有去環遊世界；排序第九，32%的人們後悔一生活得過於平淡；排序第十，11%的人們後悔沒有賺到更多的錢。

這項調查最出乎意料的是：年輕力壯時，多數人最在意的金錢收入，並不

是年老時最容易感到後悔的項目。我們好像在森林裡迷了路般，汲汲營營，忙碌地找紅蘿蔔、匆促地追小白兔，繞了一大圈才知道：那不是最重要的目標。以追求財富為目標，很容易犯了本末倒置的錯誤。

人活著，究竟要追求什麼呢？也許，每個人都會有不同的目標，項目也不只一個，但總有個先後順序，在時間、能力、資源有限的情況下，根據天賦的條件、後天的努力，可以有個取捨。

無論你判斷的標準是什麼，至少要先說服自己，之後若能跟父母家人溝通清楚，就可以避免很多不必要的誤解與衝突，專心致力於目標的追求、理想的實踐。這也就是「做自己」的起始意義。

要活得自在，必須先平衡內在

然而，每個人最難擺平的，其實是自己。

波羅揭諦：加強語氣，鼓舞修行者一定去到彼岸的意思。

舉例來說，有關金錢價值觀。「錢，不是萬能。」「沒有錢，萬萬不能。」這兩句話常被聰明風趣的人，刻意銜接在一起，變成「錢，不是萬能；沒有錢，萬萬不能。」但其實這是完全不同的人生價值選擇，如果你的人生觀是「錢，不是萬能；沒有錢，萬萬不能。」你就會每天陷入無止境的掙扎中，因為那是很對立的內在矛盾。每次決定，都會讓你更矛盾、更掙扎。

我常在以財富為主題的演講中問聽眾：如果要在「錢，不是萬能。」和「沒有錢，萬萬不能。」這兩個選項中，選擇一個最接近你人生價值觀的想法，你的答案是什麼？聽眾立刻陷入難以抉擇的沉思中。

如果可以確立「錢，不是萬能。」的價值觀，就不會把錢看得太重，選擇就業的工作、感情的對象，會以內心真正的喜悅與快樂為最優先的標準。

倘若你不變的信念就是「沒有錢，萬萬不能。」那就要抱持為了賺更多金錢，而對其他追求有所犧牲的心理準備。不要抱怨每天加班、沒時間休閒。同時，也要設定你可以犧牲到哪裡的底線，才不會為了多賺一點錢，最後犧牲身體健康、家人相處、感情經營，甚至道德良知。

處處懂得付出；時時願意放下

人生中每一天的修行，就是要找到自己活著的意義與使命。讓內在的價值觀協調一致，沒有衝突，這是一項從心開始的幸福練習，可以時時保持身心靈的平衡。上述金錢價值觀，只是一個很典型的舉例，若是以工作觀、感情觀、道德觀……綜合起來看，就可以彙整為人生觀。要讓自己過得幸福，也要幫助別人得到幸福。

隨著智慧的增長，當你每個角度的考量與取捨，都能找到和諧、安定的平衡點，形塑自己穩健的風格，無論面臨什麼局勢，都知道自己是處於「覺察當下」的狀態，而且能夠以「自性皆空」提醒自己，所有努力並非只是為著自身的利益，還把別人的需要也放在心懷，處處懂得付出、時時願意放下。

當眾生的煩惱與菩薩的智慧，已無分別，不再存有「只要智慧，不要煩惱」的念頭，就真的能夠共持共修，一起到達彼岸了。

波羅，是指彼岸。

揭諦揭諦，波羅揭諦，
波羅僧揭諦

愛的旅途要結伴同行

前往大愛的旅途，絕對不會孤獨。即使短期中不被親友看好，但只要知道那是天賦的使命，可以帶給別人鼓舞，就可以勇往直前。

雖然我已皈依成為正信佛教徒，卻沒有太嚴肅的宗教包袱。我可以接受各種宗教，並且平等對待。即使是不同的宗教，只是信仰儀式的不同，但本源都來自宇宙同一個充滿光與愛的地方。

所以，我在授課的時候，會用比較輕鬆的方式來解釋經文的意義。

例如，《心經》最後這段咒語「揭諦揭諦，波羅揭諦，波羅僧揭諦」就很像是成長團體上完課後，講師帶領學員一起歡呼。熱切地，再度彼此提醒課程的要義，並期勉大家努力去實踐。

「波羅揭諦，波羅僧揭諦」這兩句經文，只差一個字「僧」，若套用現代選秀節目評審老師的專業術語來說，就是每一段歌詞的唱法，要有不同的層次。重複副歌的最後一段，特別要增強語氣，放入更多情感。

「僧」是大眾的意思，就是說：「不只要獨善其身啊，還要邀請大家共同響應唷！一起航向彼岸吧！」要邀請大家一起加入慈航普渡的船隻，就要先從「知己知彼」開始。了解自己的能耐，洞察別人的需要。

想要愛對自己，就真的要及早出發

比利時《老人》雜誌對數千名六十歲以上的人們所做的「你最後悔什麼？」意見調查結果，這幾年來廣為流傳。

但相對地，全世界還是有很多類似「台灣不老騎士」的事蹟，展現出銀髮族活出自己生命價值的壯志豪情。

你在網路上可以很快速地搜尋到以下的案例，「美國八十三歲老人成為鐵人三項最大選手」、「美國最老的工作者一百零二歲」、「澳洲九十九歲老人勇奪百米賽冠軍」、「海上漂流三個月，美國一老人奇蹟般生還」、「日本百歲老人人數創紀錄，百分之八十四為女性」、「英國八十八歲單腿老人站在飛機翅膀上」、「伊朗七十三歲老嫗參加高考」……

每當我看到這些曾經出現在新聞版面的真實事蹟時，除了感佩這些長輩的勇氣與能耐之外，也會警惕自己：想要「愛對自己」，就真的要及早出發！當下就要付諸行動，不要等到自覺年歲有限時，才義無反顧地發憤圖強，想要抓住最後還有體力的階段「愛對自己」。

無論你活到幾歲，才留意到自我覺察的重要性。或是，現在才要開始學習真正「愛對自己」，其實都不算太晚。只要當下發願，並且全力以赴，一切都還來得及。

反觀，現代年輕人的想法與行動呈現兩極化發展。有的年輕人帶著無比的勇氣，向世界各地出發，既是「做自己」，也在「找自己」；另一類型的年輕人害怕失敗，不願挑戰，寧願待在家裡當「啃老族」，繼續做「不願面對事實的自己」。

為理想奔走時會充滿感謝、而且沒有任何抱怨

我曾在廣播節目訪問默劇表演藝術家姚尚德，他大學時念的是英語系，畢業後在補教業工作一段時間，本打算去英國學傳播，因緣際會之下改往巴黎。

波羅僧揭諦：僧，是「眾」的意思，一種解釋為：運用眾多各種不同的修行方法。

在語言學校讀書那年，看了很多舞台劇，決定報考法國第三大學戲劇系，順利如願以償。

為了不讓家人受到太多衝擊，姚尚德還曾經暫時瞞著他們，說是去讀企管。後來回台表演，才跟家人坦承，自己真正的方向是戲劇表演。

儘管當時他得到的是「不支持、也不反對」的答案，卻更堅定自己選擇默劇表演的這條路，還獲得「雲門舞集流浪者計畫」的支持，得以為理想出走，前往中國大陸各地表演。

找到實踐理想的勇氣，即使短期中不被親友看好，但只要知道那是天賦的使命，可以帶給別人鼓舞，就可以勇往直前。

當他談起深入民間表演的經驗，豐厚的生命能量，讓愛與感動化為薄薄的淚光，閃動在他的眼眶。

而默劇表演的未知與變數，卻在他很坦然面對自己對物欲不是很看重的前提下，有了繼續的可能。

號召志同道合的夥伴，互相支持陪伴，持續向前精進

屬於他的人生故事，那時候才剛開始。我無法斷定他或默劇表演，未來會怎樣？

距離那次電台訪談的三年之後，有一天在報上讀到他回想起青少年被性侵的報導，他成年之後曾經很努力要走出那段創傷的陰影，看過精神科醫師、心理醫師、靈療師，都有或多或少的幫助，後來還是透過劇場創作與自我覺察，繼續慢慢消化中。

他接受網站《女人迷》訪問時說：「我們常常想要解決問題，可是有時候，問題不是拿來解決的，問題是要『看的』，反而是，你怎麼觀看這個問題，它有時候會比你想要解決問題，更來得重要。」

這是他勇敢「愛對自己」的方式，明明從事戲劇工作，卻捨棄用過度「戲劇化」的方式詮釋自己的故事，沒有讓某個人或某件事，成為自己童年創傷的

波羅僧揭諦的另一種解釋：邀集群眾，大家一起。整句話有勉勵眾生持續精進的意義。

唯一救贖，而是帶著創傷一路前行，即使無法立刻痊癒，但至少在每一次面對時，都看見自己的勇氣，也鼓舞了其他有過類似創傷的人，重新面對人生。

就像齊柏林導演的《看見台灣》這部紀錄片，以殘酷而現實的手法，喚起民眾對土地的愛。環境汙染，人人有責。然而「冰凍三尺，非一日之寒」，要改變繼續迫害環境的現狀，需要很長的時間，而且不能只靠少數幾個人孤軍奮戰，必須要靠集體的意識與力量，才能療癒留在土地和人們內心的創傷。

雖然他喪生於一次攝影飛行的意外，卻遺留大愛給這片土地與人們。

自己擁有崇高的理想，或許會暫時感到孤獨！但只要願意持續地溝通，讓大家明白這個理想並不是為了自己的私欲，而是希望鼓舞大家往更好的方向邁進，遲早會得到認同與支持。接著，才能發揮真正的影響力。

從此岸到彼岸！這是一段通往大愛的旅途，渴望人類集體幸福的心，絕對不會孤獨。用理想說服群眾，號召志同道合的夥伴，互相支持陪伴，持續向前精進，總會達到成佛的境界。

每天進步一點點

修行的功課，最重要的是從心開始，持續地進行。令人嚮往的境界是，把自己度到沒有煩惱的彼岸。

擁有「歌神」美譽的張學友，曾經唱紅一首歌曲〈每天愛你多一些〉；無論身邊有沒有心愛的人，這首歌也可以用來自我勉勵，看有沒有每天多愛自己一些。但所謂的愛自己，並非多吃一點美食、多穿一件華服，而是不間斷地覺察與精進。

對我來說，所謂的「修行」，就是持續修練自己的現在進行式。或許，有些經歷會讓我很幸運地感到「恍然大悟」。或針對某些道理，在片刻間得到「頓悟」。但是，那樣的機緣其實是可遇不可求。與其期待某一天能「頓悟」，不如時時刻刻下功夫，讓自己得以在日常的覺察中「漸悟」。

有次出差去上海，很多朋友談論「淘寶」購物網的盛況，他們還熱心地借我帳號，希望我既入「寶山」，千萬不要空手而歸。瀏覽了半個多小時，很認真地血拚，我的戰利品竟是一本書《每天進步一點點》（上海科學技術文獻出版社），他們很好奇我為什麼會買這本書，其實動機再簡單不過了，我喜歡這個書名，也期待自己能夠每天進步一點點。

收到這本書，帶回台灣仔細閱讀，作者收錄了三百六十五則短短的小故事，並且在每一則故事後面，和讀者分享他的感悟。我想，如果每個讀者都願意每天讀一則故事，重新寫下自己的感悟，即使每天累積小小的進步，甚至微小到幾乎看不見的程度，但一年下來，都會有很可觀的成長。

剛進入職場工作時，因為都是外商公司，我期望自己的英文溝通能力可以

薩婆訶：

佛經的結尾祝福語，帶有急速成就的意思。

更好，因此訂閱《空中英語教室》，每天跟著廣播讀三十分鐘，幾年下來就有很大的進步。就算英文沒有練到像在國外長期居住的華人那麼好，至少也可以應付工作的需要。

修行的功課，從心開始，貴在持續

修行的功課，最重要的是從心開始，然後持續地進行。令人嚮往的境界是，把自己度到沒有煩惱的彼岸。

然而，彼岸在哪裡？用什麼方法到達？這可真是大哉問啊。

因為每個人這一生需要精進的項目不太一樣，有些人需要學習更緩慢從容、有些人需要更積極進取；有些人需要學習更為別人著想、有些人需要學習更把自己放在心上；有些人特別容易迷惑於外在的形式、有些人卻遲鈍到沒有能力覺察自己……

或許細小的學習項目有所不同，但普遍而言：

每個人都需要學習負擔責任、放下煩惱。這樣的學習可以說是沒有止境的，只要活著一天，就要更精進一些，但不要因為沒有止境，就覺得自己永遠到達不了，只要每天向前踏進一步，和「彼岸」的距離就更近一些。

只要有決心前往，
終能快速到達覺行圓滿的境界

終於我們一起來到《心經》最後這一句「菩提薩婆訶」。有一位信仰基督教的朋友，幽默地對我說：「『菩提薩婆訶』，很像是『哈利路亞』！」誦讀過《心經》千百遍的我，認為：「菩提薩婆訶」無論是語音或語意，都真的是最完美、最無懈可擊的句點。

薩婆訶：梵文為svaha，是把供品放在火中燃燒，比喻為：火，永不熄滅；心，不退轉。

無論要從「此岸」到「彼岸」，或摸索到歲月盡頭才發現「回頭是岸」，感覺像是漫漫長途。但是，佛陀並不這麼認為，祂說：「菩提薩婆訶」，意思是只要有決心前往，終能快速成就正覺，到達覺智圓滿的境界。

《圖解心經》（橡實文化出版，已絕版）作者張宏實老師，相當博學多聞。他在書中系統化地整理歸納很多表格，幫助讀者了解《心經》這部經典的來龍去脈，以及內容要義。

他引述古印度經典《梨俱吠陀》與《奧義書》的見解，認為「薩婆訶」是「雙手捧舉供品，安置於火中，奉獻給諸神」的意思，既是結尾詞、也是祝福語，帶有「安住不得退轉」的期許與承諾。

這是多麼恭敬的態度，多麼美好的祝福。讓我們每一次誦讀《心經》後，都可以用最優美的姿態、最深刻的智慧，面對最虛幻無常的世界、做最真實勇敢的自己。即使身處五濁惡世，也能證見充滿愛的心，繼續守護人間的淨土。

PART 5

遇見，
更了解《心經》。

對《心經》的疑惑，
往往也是對人生的不解。
探索《心經》，猶如拜訪生命，
是千瓣蓮花，層層綻放，
喜悅的芬芳，既空無又飽滿，
瀰漫於清靜的心田。

❶ 在亞洲華人世界廣為流傳的《心經》是怎麼來的？

這部文長只有二百六十字的《心經》，是唐代玄奘大師所譯。他十三歲出家，在貞觀年間（西元六二七年）西行到印度，時間長達十七年，路程超過五萬里，回到長安開始專心翻譯佛經，共翻譯七十五部佛經，一千三百三十五卷。《心經》翻譯於西元六四九年，是諸多佛經其中的一部，流傳最為普及，影響也甚為深遠。

❷ 《心經》還有其他不同的漢譯本嗎？

依照長度與架構區分，《心經》可分為廣本與略本兩類。玄奘的譯本，屬於略本，全名為《般若波羅蜜多心經》。另一部略本為姚秦時鳩摩羅什所譯，全名為《摩訶波羅蜜大明咒經》，比玄奘的譯本早了兩百多年。其他還有五種長度較長、結構較完整的廣本。也有另一些譯本已經失傳。

❸ 《心經》的主要結構是什麼？

❹ 其他佛經中，是否有和《心經》相似的內容？

在現今流傳的版本中，《摩訶波羅蜜大明咒經》翻譯最早；《般若波羅蜜多心經》流傳最廣。

大多數的佛經都有「序分」、「正宗分」、「流通分」三種結構。以現代的用語來說，「序分」是序言、「正宗分」是主體或本文、「流通分」是結語。自「觀自在菩薩」至「度一切苦厄」為序分，自「舍利子」至「得阿耨多羅三藐三菩提」為正宗分，自「故知般若波羅蜜多」至「菩提薩婆訶」為流通分。

二百六十字《心經》的內容，取材自《大般若經》中〈觀照品〉、〈功德品〉、〈持勤品〉等不同段落，加以摘要及重新組合。最後一段咒

❺《心經》主要精神是什麼？

語，取材自《陀羅尼經集》。之所以有這個濃縮精華版本，相傳是為了讓佛陀的教誨，可以更加廣為流傳，以現代出版術語來說，就是做了「精簡本」、「袖珍版」，或「口袋書」。

正如其名，《心經》（梵文：hrdaya sutra）的「心」（hrdaya）本來是指心臟、肝臟，引申為「核心」、「要義」與「精髓」的意思。既是取眾多經典的精華，也是人生最重要的道理。《心經》以簡單而溫柔的言語，解析從人生到宇宙的真相，一切都是空，勉勵眾生，放下我執、放下煩惱，抵達解脫生死輪迴的彼岸。

❻《心經》還是建立在佛教的宗教觀上？

❼《心經》是佛陀的開示，所以是佛陀親自說的嗎？

《心經》雖來自佛教，但佛法幾乎已經涵蓋全面的人生，所以《心經》講的也是人生的道理，可以跨越不同宗教的界線，普遍應用於個人修身、處世哲學、人際關係，以及生死議題的學習。

佛經的呈現，通常有三種方式：1.由佛陀親口說；2.由菩薩或聲聞弟子，代替佛陀所說；3.聲聞弟子或菩薩因為佛陀的加持而說法。《心經》究竟是屬於哪種方式？依我目前所學，形式上是佛陀直接對舍利子所說；但也有佛學研究者抱持另一個觀點，認為《心經》的「序分」，是菩薩或聲聞弟子，代替佛陀所說；「正宗分」，則是聲聞弟子或菩薩因為佛陀的加持而說法。支持這項立場的學者，認為是觀世音菩薩對舍利子所說。但無論何者最接近事實，《心經》都是來自佛陀的教導，主要是學習它的內容與精神，至於哪個論點比較真確，有賴學者專家繼續探討。

8 誦讀《心經》有什麼好處？

我是因為父親過世，而開始認真學習《心經》的讀誦，我自己的心得是：讀誦《心經》可以讓自己感覺安心平靜。當然，《心經》的所有內容以及核心要義，對我而言，是立身行事很重要的提醒。我也相信持咒誦經的力量，只要心誠意正，可以消災、祈福。

9 研讀完《心經》，體會萬事皆空，會不會變得很消極？

《心經》所講述的「空性」，並非什麼都沒有，而是說萬事萬物都是因緣而暫時出現對應的關係。當時空變換、立場改變，關係也就不存在，

⑩ 誦讀《心經》對生活和工作都十分忙碌的現代人來說，有何意義？

是要提醒我們不要執著表象、不要執著於自己的想法，反而可以因此而化解很多內心不必要的貪戀。不戀棧不屬於自己的東西，並願意多替別人著想，積極找到認識生命本質、解脫煩惱的方法。活在當下，這其實是很積極的人生態度。

過度忙碌，容易讓人忘了生命真正的意義。《心經》是最切中現代人需要的提醒。尤其在「地球環保」和「心靈環保」都亟需雙管齊下的關鍵時代，《心經》能夠讓我們看清楚生命的真相，遠離光怪陸離的妄想。讀懂《心經》，是對自己最好的祝福，也是最重要的提醒。

觀自在菩薩。行深般若波羅蜜多時，照見五蘊皆空，度一切苦厄。

舍利子，色不異空，空不異色，色即是空，空即是色，受想行識，亦復如是。舍利子，是諸法空相，不生不滅，不垢不淨，不增不減。是故空中無色，無受想行識。無眼耳鼻舌身意，無色聲香味觸法。無眼界，乃至無意識界。無無明，亦無無明盡。乃至無老死，亦無老死盡。無苦集滅

觀自在菩薩：

（梵文：Avalokita為「觀」；iśvara為「自在」）即觀世音菩薩；也泛指般若智慧已達自在的所有菩薩。

菩薩：

梵文：bodhisattva，是bodhi（菩提）＋sattva（薩埵）的簡稱。

菩提：指完美的智慧；或「覺悟」、「覺」；薩埵：有感情、有生命。

菩薩：就是「菩提薩埵」，常被譯成：覺有情。指追求覺智的有情眾生。

觀自在菩薩：

道，無智亦無得。以無所得故。菩提薩埵，依般若波羅蜜多故。心無罣礙。無罣礙故，無有恐怖。遠離顛倒夢想，究竟涅槃。三世諸佛，依般若波羅蜜多故，得阿耨多羅三藐三菩提。

故知般若波羅蜜多，是大神咒，是大明咒，是無上咒，是無等等咒。能除一切苦，真實不虛。故說般若波羅蜜多咒，即說咒曰，揭諦揭諦，波羅揭諦，波羅僧揭諦，菩提薩婆訶。

《無量壽經》記載觀世音菩薩與大勢至菩薩，同為極樂淨土中阿彌陀佛的左右脇侍菩薩，合稱「西方三聖」。觀自在菩薩，為佛教中知名度最高的大菩薩，有「家家阿彌陀，戶戶觀世音」的美譽。

行深般若波羅蜜多時：

可斷句為：行深・般若・波羅蜜多・時。般若：至高無上已經通達真理的智慧。波羅蜜多：超度到彼岸。

般若波羅蜜多：

（梵文：Prajñāpāramitā）指可以讓人看破生死、解脫煩惱、抵達彼岸的大智慧。

觀自在菩薩。行深般若波羅蜜多時，照見五蘊皆空，度一切苦厄。

舍利子，色不異空，空不異色，色即是空，空即是色，受想行識，亦復如是。舍利子，是諸法空相，不生不滅，不垢不淨，不增不減。是故空中無色，無受想行識。無眼耳鼻舌身意，無色聲香味觸法。無眼界，乃至無意識界。無無明，亦無無明盡。乃至無老死，亦無老死盡。無苦集滅

《心經》小辭典

淺般若：
指透過意識邏輯而得到的智慧，可以到達「自覺」的程度。

深般若：
指能夠超越眼耳鼻舌身意，直觀真理的絕對智慧，不但「自覺」還能「覺他」。

照見：
表面上的意思是：觀察與體驗。或解釋為：直接看到，也就是「直觀」。深入的含意是：徹底的明心見性，完全看清楚心性。

五蘊：

道，無智亦無得。以無所得故。菩提薩埵，依般若波羅蜜多故。心無罣礙。無罣礙故，無有恐怖。遠離顛倒夢想，究竟涅槃。三世諸佛，依般若波羅蜜多故，得阿耨多羅三藐三菩提。

故知般若波羅蜜多，是大神咒，是大明咒，是無上咒，是無等等咒。能除一切苦，真實不虛。故說般若波羅蜜多咒，即說咒曰，揭諦揭諦，波羅揭諦，波羅僧揭諦，菩提薩婆訶。

蘊，是聚集的意思。五蘊，又稱為「五陰」，是說，人是由色、受、想、行、識，五種元素組合而成。

色：所有人事物以及它的外貌。

受：透過生理功能覺察到的感受。

想：概括性的想法、並因此有所愛惡。

行：行為、行動、作為。

識：辨識、論斷、認知。

苦：痛苦，生死苦果。

厄：困難，煩惱苦因。

八苦：

生、老、病、死、愛別離苦、怨憎會苦、求不得苦、五陰盛苦（即為五蘊所苦）。

觀自在菩薩。行深般若波羅蜜多時，照見五蘊皆空，度一切苦厄。

舍利子，色不異空，空不異色，色即是空，空即是色，受想行識，亦復如是。舍利子，是諸法空相，不生不滅，不垢不淨，不增不減。是故空中無色，無受想行識。無眼耳鼻舌身意，無色聲香味觸法。無眼界，乃至無意識界。無無明，亦無無明盡。乃至無老死，亦無老死盡。無苦集滅

舍利子：

也作「舍利弗」，佛陀十大弟子之一，號稱「智慧第一」，是當時比丘們的模範與良師。

色：

事物外表的形象。長相輪廓、衣著顏色、五官表情、肢體動作等有形的外貌。

空：

一切事物的本質，都是短暫的、不真實的、不穩定恆常地存在，彼此依存、因緣和合才發生。

不異：

不異＝即是。意思是說：沒有分別。

道，無智亦無得。以無所得故。菩提薩埵，依般若波羅蜜多故。心無罣礙。無罣礙故，無有恐怖。遠離顛倒夢想，究竟涅槃。三世諸佛，依般若波羅蜜多故，得阿耨多羅三藐三菩提。

故知般若波羅蜜多，是大神咒，是大明咒，是無上咒，是無等等咒。能除一切苦，真實不虛。故說般若波羅蜜多咒，即說咒曰，揭諦揭諦，波羅揭諦，波羅僧揭諦，菩提薩婆訶。

即是：

這裡的「是」，為「此」的意思。比較接近英文的the或this。

受想行識，亦復如是：

當身形外貌的幻相消失，心理層面的感受、想法、行為、認知，也就不存在、也不實在了。

諸法空相：

世間所有一切存在現象，都是短暫的、不真實恆久存在的。

空相：

是指空性，也就是性空，本性是空的。空，就是觀自在菩薩。行深般若波羅蜜多時，照見五蘊皆空，度一切苦厄。

舍利子，色不異空，空不異色，色即是空，空即是色，受想行識，亦復如是。舍利子，是諸法空相，不生不滅，不垢不淨，不增不減。是故空中無色，無受想行識。無眼耳鼻舌身意，無色聲香味觸法。無眼界，乃至無意識界。無無明，亦無無明盡。乃至無老死，亦無老死盡。無苦集滅

「不斷變化」、「不恆常存在」的意思。

不生不滅，不垢不淨，不增不減：

就是佛教教義中很有名的「六不」。

生滅，針對身體、生命或物質。

垢淨，針對人事物的性質。

增減，針對數量。

是故空中無色，無受想行識：

指完全洞察「五蘊」的本質是空，甚至連「五蘊」都沒有了，也就不必花力氣去超脫。

六根：眼耳鼻舌身意。六塵：色聲香味觸法。六根＋六塵＝十二處。人類意識所有覺知，都是六根六塵的交互作用。

道，無智亦無得。以無所得故。菩提薩埵，依般若波羅蜜多故。心無罣礙。無罣礙故，無有恐怖。遠離顛倒夢想，究竟涅槃。三世諸佛，依般若波羅蜜多故，得阿耨多羅三藐三菩提。

故知般若波羅蜜多，是大神咒，是大明咒，是無上咒，是無等等咒。能除一切苦，真實不虛。故說般若波羅蜜多咒，即說咒曰，揭諦揭諦，波羅揭諦，波羅僧揭諦，菩提薩婆訶。

無眼界，乃至無意識界：

從超脫眼前所看到意識所認為的，中間跨越了「十八界」。

分別是：眼界、耳界、鼻界、舌界、身界、意界（六根）；色界、聲界、香界、味界、觸界、法界（六塵）；眼識界、耳識界、鼻識界、舌識界、身識界、意識界（六識）。

無明：

（梵文：Avidyā）是指因為無法認識生命實相而產生的煩惱，不能覺察諸法事理，不能明白善惡因果，而起的貪瞋癡等煩惱。無明，也可以說是不智、愚昧，既是「十二因緣」之首，也是一切苦的根源。

觀自在菩薩。行深般若波羅蜜多時，照見五蘊皆空，度一切苦厄。

舍利子，色不異空，空不異色，色即是空，空即是色，受想行識，亦復如是。舍利子，是諸法空相，不生不滅，不垢不淨，不增不減。是故空中無色，無受想行識。無眼耳鼻舌身意，無色聲香味觸法。無眼界，乃至無意識界。無無明，亦無無明盡。乃至無老死，亦無老死盡。無苦集滅

十二因緣：

起於無明，終於老死。

完整的十二階段是指：無明、行、識、名色、六入、觸、受、愛、取、有、生、老死等。這十二因緣都是無常。它們之間是「依此有彼有、此生故彼生」的關聯。

無明：不了解生命本質是無常而產生煩惱。

行：過去世的身行、口行、心行所造的一切善業或惡業。識：眼識、耳識、鼻識、舌識、身識、意識。

名色：名指心，空有其名而無形質；色指身體，胚胎手腳等都已形成。

六入：在名色形成後，各種感覺器官和思維都已

道，無智亦無得。以無所得故。菩提薩埵，依般若波羅蜜多故。心無罣礙。無罣礙故，無有恐怖。遠離顛倒夢想，究竟涅槃。三世諸佛，依般若波羅蜜多故，得阿耨多羅三藐三菩提。故知般若波羅蜜多，是大神咒，是大明咒，是無上咒，是無等等咒。能除一切苦，真實不虛。故說般若波羅蜜多咒，即說咒曰，揭諦揭諦，波羅揭諦，波羅僧揭諦，菩提薩婆訶。

產生；也叫「六根」。（眼根、耳根、鼻根、舌根、身根、意根。）觸：幼童三到四歲，六根雖能接觸六塵，但尚未形成苦或樂的想法，叫做觸。（六塵：色塵、聲塵、香塵、味塵、觸塵、法塵。）

受：從五、六歲至十二、三歲時，六根能分別六塵，但是還沒有起貪淫的念頭。

愛：青少年到將要成年，十八、九歲，知道要享樂，但還沒有積極追求逸樂。

取：成年後，欲望增強，處心積慮想要得到。

有：欲有、色有、無色有。

生：因現世的善惡之業，未來世還在六道四生中受生輪迴。

老死：未來世受生後，成熟後又開始衰亡。

觀自在菩薩。行深般若波羅蜜多時，照見五蘊皆空，度一切苦厄。

舍利子，色不異空，空不異色，色即是空，空即是色，受想行識，亦復如是。舍利子，是諸法空相，不生不滅，不垢不淨，不增不減。是故空中無色，無受想行識。無眼耳鼻舌身意，無色聲香味觸法。無眼界，乃至無意識界。無無明，亦無無明盡。乃至無老死，亦無老死盡。無苦集滅

苦集滅道：

就是佛法中所謂的「四諦」，諦，意指「真諦」，也就是「真理」。

苦，指為生老病死而感到不圓滿的煩惱；集，產生所有煩惱痛苦的原因；滅，可除去煩惱，讓痛苦停息；道，消除煩惱痛苦的方法。

消除煩惱、停息痛苦的六種具體方法：1.布施；2.持戒；3.忍辱；4.精進；5.禪定；6.般若（智慧）。

無智亦無得：

智，指洞見真理；剛開始是以自我為中心；這還是有煩惱的智慧。後來必須放棄自我中心，才能

道，無智亦無得。以無所得故。菩提薩埵，依般若波羅蜜多故。心無罣礙。無罣礙故，無有恐怖。遠離顛倒夢想，究竟涅槃。三世諸佛，依般若波羅蜜多故，得阿耨多羅三藐三菩提。

故知般若波羅蜜多，是大神咒，是大明咒，是無上咒，是無等等咒。能除一切苦，真實不虛。故說般若波羅蜜多咒，即說咒曰，揭諦揭諦，波羅揭諦，波羅僧揭諦，菩提薩婆訶。

得到沒有煩惱的智慧。

無智亦無「得」：得，是「有所收穫」的意思。到可以真正洞見宇宙真理；了解「生不帶來；死不帶去」的意義，徹底體會「自性皆空」的道理，連這樣的智慧都不需要。

無所得：

從五蘊、十八界、十二因緣、四諦，體證一切法都是空的，就是真正大自在的解脫。

菩提薩埵：

（梵文：bodhisattva）即菩薩的總稱。可以說是追求覺悟的有情眾生，使人覺悟的有情眾生。

觀自在菩薩。行深般若波羅蜜多時，照見五蘊皆空，度一切苦厄。

舍利子，色不異空，空不異色，色即是空，空即是色，受想行識，亦復如是。舍利子，是諸法空相，不生不滅，不垢不淨，不增不減。是故空中無色，無受想行識。無眼耳鼻舌身意，無色聲香味觸法。無眼界，乃至無意識界。無無明，亦無無明盡。乃至無老死，亦無老死盡。無苦集滅

罣礙：

放下自己、放下執著，沒有任何牽掛。以智慧為船，抵達彼岸之後，連象徵智慧的船都可以放下捨棄，就真正沒有任何罣礙了。

無罣礙故：

心中沒有我執，所以不再患得患失。

無有恐怖：

了解生死，解脫煩惱，不再害怕恐懼。

恐怖：《佛諦經論》提到的「五怖畏」，也就是五種恐懼：惡名畏（擔心聲譽不好）；惡道畏（害怕死後下地獄、淪為惡鬼或畜生）；不活畏

道，無智亦無得。以無所得故。菩提薩埵，依般若波羅蜜多故。心無罣礙。無罣礙故，無有恐怖。遠離顛倒夢想，究竟涅槃。三世諸佛，依般若波羅蜜多故，得阿耨多羅三藐三菩提。

故知般若波羅蜜多，是大神咒，是大明咒，是無上咒，是無等等咒。能除一切苦，真實不虛。故說般若波羅蜜多咒，即說咒曰，揭諦揭諦，波羅揭諦，波羅僧揭諦，菩提薩婆訶。

（不敢全力布施，以免生活成問題）；死畏（貪生怕死）；大眾威德畏（在公開場合，或遇見威德人士就會膽怯）。

顛倒夢想：

顛倒：以假為真；把真當假。夢想：妄想。顛倒夢想，例如：期待青春永駐、花開不落、緣起不滅。都是不符合無常真理的妄想。

究竟涅槃：

究竟，是指：完全、徹底地明白或抵達極致。涅槃（梵文：Nirvana）是指：寂滅，止息。或圓滿完美的寂靜。究竟涅槃，終極地解脫、徹底地到達，停留在永恆的喜悅中。

觀自在菩薩。行深般若波羅蜜多時，照見五蘊皆空，度一切苦厄。

舍利子，色不異空，空不異色，色即是空，空即是色，受想行識，亦復如是。舍利子，是諸法空相，不生不滅，不垢不淨，不增不減。是故空中無色，無受想行識。無眼耳鼻舌身意，無色聲香味觸法。無眼界，乃至無意識界。無無明，亦無無明盡。乃至無老死，亦無老死盡。無苦集滅

三世：

過去世、現在世、未來世。

諸佛：

泛指三世、十方所有千佛。

過去佛；現在佛；未來佛：過去佛：迦葉諸佛；現在佛：釋迦摩尼佛；未來佛：彌勒佛。

般若波羅蜜多：

般若：不同於一般聰明算計的大智慧。波羅：彼岸、對岸，含有解脫的意義。蜜多：是到達的意思。般若波羅蜜多，就是解脫煩惱，以超越生死，抵達彼岸的大智慧。

道，無智亦無得。以無所得故。菩提薩埵，依般若波羅蜜多故。心無罣礙。無罣礙故，無有恐怖。遠離顛倒夢想，究竟涅槃。

三世諸佛，依般若波羅蜜多故，得阿耨多羅三藐三菩提。

故知般若波羅蜜多，是大神咒，是大明咒，是無上咒，是無等等咒。能除一切苦，真實不虛。故說般若波羅蜜多咒，即說咒曰，揭諦揭諦，波羅揭諦，波羅僧揭諦，菩提薩婆訶。

阿耨多羅三藐三菩提：

（梵文：anuttara-samyak-sambodhi）可以斷句為阿耨多羅・三藐・三菩提，是指一切真理的無上至高智慧。

阿耨多羅，是指：無可超越，至高無上。三，是音譯，不必解釋。藐，是指：完全真實、徹底正確。菩提（梵文：bodhi）：是「覺悟」或「成道」的意思，憑藉不昧於生死輪迴的智慧而覺悟。

阿耨多羅三藐三菩提：

含有平等、圓滿的意思，所以也有「正等」的意思。

觀自在菩薩。行深般若波羅蜜多時，照見五蘊皆空，度一切苦厄。

舍利子，色不異空，空不異色，色即是空，空即是色，受想行識，亦復如是。舍利子，是諸法空相，不生不滅，不垢不淨，不增不減。是故空中無色，無受想行識。無眼耳鼻舌身意，無色聲香味觸法。無眼界，乃至無意識界。無無明，亦無無明盡。乃至無老死，亦無老死盡。無苦集滅

咒：
具有特殊神奇、不可思議力量的語句。持咒：印度人認為唸咒語，可以祈福、消災、與神溝通。

大明咒、無上咒、無等等咒：
大明，是指：覺悟的智慧；無上，是指：無法超越；無等等，是指：無與倫比。

真實不虛：
是宇宙最終的真理，保證絕不虛妄。

揭諦：
（梵文：gate）是「前往」、「到達」，也含有「已完成」的意思。

道，無智亦無得。以無所得故。菩提薩埵，依般若波羅蜜多故。心無罣礙。無罣礙故，無有恐怖。遠離顛倒夢想，究竟涅槃。三世諸佛，依般若波羅蜜多故，得阿耨多羅三藐三菩提。

故知般若波羅蜜多，是大神咒，是大明咒，是無上咒，是無等等咒。能除一切苦，真實不虛。故說般若波羅蜜多咒，即說咒曰，揭諦揭諦，波羅揭諦，波羅僧揭諦，菩提薩婆訶。

波羅揭諦：

是加強語氣，鼓舞修行者一定去到彼岸的意思。

波羅，是指彼岸。

波羅僧揭諦：

僧，是「眾」的意思，一種解釋為：運用眾多各種不同的修行方法。

另一種解釋：邀集群眾，大家一起。整句話有勉勵眾生持續精進的意義。

薩婆訶：

（梵文：svāhā），是把供品放在火中燃燒，比喻為：火，永不熄滅；心，不退轉。佛經的結尾祝福語，帶有急速成就的意思。

參考書目・延伸閱讀

● 《心經新釋》聖嚴法師　著（法鼓文化）

● 《圖解心經》張宏實　著（橡實文化出版）

● 《般若心經》奧修　著（妙倫出版）

● 《般若心經》程恭讓／東初　釋譯（佛光文化）

● 《達賴喇嘛談心經》達賴喇嘛　著（圓神出版）

● 《心經隨喜》胡蘭成　著（如果出版）

悅知文化 Delight Press

線上讀者問卷 TAKE OUR ONLINE READER SURVEY

當外在變動無常，
安頓自己，
是給世界最好的祝福。

——————《先放手，再放心：我從[心經]學到的人生智慧》

請拿出手機掃描以下QRcode或輸入
以下網址，即可連結讀者問卷。
關於這本書的任何閱讀心得或建議，
歡迎與我們分享 ◡̈

https://bit.ly/3cHlTQH

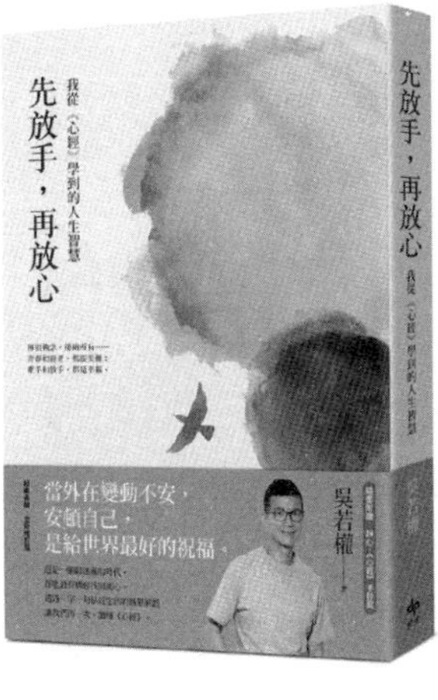

Invitation

“ 你的一小段話，
將是我們成長的動力！ ”

吳若權讀友募集活動開始了！
謝謝你因為《先放手，再放心》，
而成為我們的好朋友。

如果你對新書有任何建議，或是對作者有想說的話，
歡迎在這裡留言喔。我們也會不定期放入書中分享。

現正開放登錄中

成為好朋友，享有以下優惠：
搶先新書訊息不漏接！
好康活動，第一個想到你！

人生，是一座遊樂園。
就像摩天輪乘載歡樂與喧嘩，
周而復始地，一次又一次學會放下。
在寂靜的夜空，
閃亮著為這個世界祝福的光芒。

先放手，再放心：

我從《心經》學到的人生智慧

作　　者 | 吳若權
發 行 人 | 林隆奮 Frank Lin
社　　長 | 蘇國林 Green Su

出版團隊

總 編 輯 | 葉怡慧 Carol Yeh
主　　編 | 鄭世佳 Josephine Cheng
企劃編輯 | 許芳菁 Carolyn Hsu
責任行銷 | 朱韻淑 Vina Ju
整體裝幀 | 兒日設計
內文排版 | 張語辰 Chang Chen
插　　畫 | 鄭婷之 Z設計

行銷統籌

業務處長 | 吳宗庭 Tim Wu
業務主任 | 蘇倍生 Benson Su
業務專員 | 鍾依娟 Irina Chung
業務秘書 | 陳曉琪 Angel Chen・莊皓雯 Gia Chuang
行銷主任 | 朱韻淑 Vina Ju

國家圖書館出版品預行編目資料

先放手,再放心 : 我從<<心經>>學到的人生智慧/吳若權著. -- 初版. -- 臺北市 : 精誠資訊, 2021.08
面；　公分
ISBN 978-986-510-163-3(平裝)

191.9　　110011169

建議分類 | 1.人生哲學 2.修身

發行公司 | 悅知文化　精誠資訊股份有限公司
105台北市松山區復興北路99號12樓
訂購專線 | (02) 2719-8811
訂購傳真 | (02) 2719-7980
專屬網址 | http ://www.delightpress.com.tw
悅知客服 | cs@delightpress.com.tw
ISBN：978-986-510-163-3
建議售價 | 新台幣360元　　首版一刷 | 2021年08月　　首版二十刷 | 2023年12月

本書若有缺頁、破損或裝訂錯誤，請寄回更換
Printed in Taiwan

一附錄一

靜心・《心經》手抄頁

觀自在菩薩行深般若波羅蜜多
時照見五蘊皆空度一切苦厄舍
利子色不異空空不異色色即是
空空即是色受想行識亦復如是
舍利子是諸法空相不生不滅不
垢不淨不增不減是故空中無色
無受想行識無眼耳鼻舌身意無
色聲香味觸法無眼界乃至無意
識界無無明亦無無明盡乃至無
老死亦無老死盡無苦集滅道無

智亦無得以無所得故菩提薩埵
依般若波羅蜜多故心無罣礙無
罣礙故無有恐怖遠離顛倒夢想
究竟涅槃三世諸佛依般若波羅
蜜多故得阿耨多羅三藐三菩提
故知般若波羅蜜多是大神咒是
大明咒是無上咒是無等等咒能
除一切苦真實不虛故說般若波
羅蜜多咒即說咒曰揭諦揭諦波
羅揭諦波羅僧揭諦菩提薩婆訶

抄經人：吳若權

迴向：眾生

般若波羅蜜多心經

抄經人：

迴向：